자전거로 충분하다 　　　　삶의 기술, 첫 번째

목차

04 《삶의 기술》 창간호를 펴내며 | 하자작업장학교 청년작업장, 그리고 히옥스

특집
자전거

08 도시 문제와 자전거 문화 | 김성원
10 자전거가 다니던 골목길 | 김성원
13 움직이는 자전거 놀이터 | 자전거문화살롱
17 자전거는 탈것 이상이다 | 강신호
25 칼갈이 장인의 자전거 | 김성원
30 전기 자동차와 자전거 | 김성원
34 화물 자전거와 자전거 수레 | 김성원
39 드럼통 재활용 화물 자전거 만들기 | 김성원
48 다시 만들기와 공동체 작업장 | 장훈교
64 다시 만들어 보자 | 김명기
74 목화학교 청소년들이 운행한 배움의 여정 | 김희옥

기획
다른 농사의 기술

84 '입식 농법'을 위한 농기구 혁명 | 정종훈
91 수동 이앙기를 만들고 나서 | 강신호
96 자립적 소농을 위한 꼼지락 적정기술 농기구 | 이승석
102 드럼통 회전 퇴비 화장실 제작기 | 와타나베 아키히코

좌담

110 적정기술은 ○○다 | 동녘, 여우, 요비, 인다, 자베, 쥬디, 초

기고

126 여성들이 만들어 가는 적정기술 | 이슬기
131 에어컨이 없던 시절의 통풍창 | 김성원

해외의 적정기술

136 일본 | 재난과 적정기술 | 이시오카 케이조
142 중국 | 전통기술, 적정기술, 신기술 | 김유익

창간사

《삶의 기술》 창간호를 펴내며

하자작업장학교 청년작업장, 그리고 히옥스

> 저는 시간과 공생한다는 말을 자주 하는데, 이 말은 요컨대 이제부터 태어날 사람들과 공생해야 한다는 뜻입니다. 앞으로 태어나는 세대에 대해서 사악한 범죄가 되는 불을 남겨서는 안 된다고 생각합니다. 따라서 원자력발전의 문제는 단순히 원자력발전소에 반대하는 좁은 입장에서 이야기되어서는 안 됩니다. 이 문제는 앞으로 인류가 어떻게 사느냐 하는 문제이고 더 나아가서 살기 위해서 미래를 어떻게 만들어야 하는가 하는 문제라고 생각합니다. 그러한 작업이라고 생각하고 저는 지금 원자력발전에 반대하는 일을 모든 것을 다 바쳐서 하고 있는 것입니다.
> - 다카기 진자부로, "생명의 자리에서 원자력발전을 생각한다", 《녹색평론》 제20호

후쿠시마 핵 사고 이후 마음을 추스르며 마사키 다카시 선생님의 《나비문명》을 몇 번이고 읽었던 기억이 납니다. 애벌레가 나무를 갉아먹듯이 인류는 이 푸른 지구별을 파헤치고 파괴하면서 난도질하고 있는 것 같아서 당시의 학생들과 의기투합, 더 이상 애벌레로 살 수는 없다고 선언을 했습니다. 2011년 10월, 하자센터 현관 위로 '나비센터'라는 종이 휘장을 드리우고 모의 개관식을 열며, 꽃과 꿀을 좇아 열매를 만들고 자연의 순환을 따라 살아가는 아름다운 나비가 되자는 선언을 했습니다.

그때의 학생들이 졸업을 하면서 만든 것이 청년작업장입니다. 도시의 골목길에 살며 예술을 사랑하고 친구들과 어울리는 것을 좋아하는 그 학생들이 학교를 떠나 사회에 스며 살아가려고 했을 때 핵발전소 참사는 마치 뒤통수를 치듯이 등장했습니다. 우리가 속한 사회, 아니 우리 인류가 속한 사회가 보여 준 골격은 너무나 문제가 많아 보였고, 그저 스며 살아가기에는 너무 많은 사람들이 울고 있었으니까요. 그리고 그 학생들이 덩치가 큰 청년들이 되었는데, 여러 현장에서 만난 사람들의 손을 꼭 잡고 함께 눈물을 흘리고 있는 모습을 보면서 '그냥 이렇게 살아갈 수는 없잖아?' 하고 생각했습니다. 울지만 말고 뭔가 하자. 우린 그런 학교에서 함께 공부했으니.

청년작업장을 만들고 이곳저곳 숨은 고수와 장인들을 찾아 조금씩 배우면서 '마음'을 단련해 갔던 것 같습니다. 도시에서 나고 자란 사람들이 대부분이라 단순한 일상조차도 슈퍼마켓이나 심지어 편의점에서 간편하게 해결하는 것 외에는 사는 방법을 몰랐던 우리는 고수와 장인은 물론 부모나 조부모, 혹은 아주 어렸을 때의 기억까지 되짚으며 일상을 회복해 보려고 했습니다. 편의점에서 알바하고, 편의점에서 돈을 벌어, 편의점의 간편식과 물건들로 일상을 채우는 장면을 과감히 접어 버리고 나니, 순간 막막하기는 했지만 그런대로 해 볼만 한 일들이 보였습니다.

시골에 계신 청년의 어머니와 전화로 상담하며 학교의 정원을 정리하여 텃밭으로 만들고, 도시농부 짱짱과 넝쿨콩과 수세미로 가득 찬 그린커튼을 드리우고 주차장 한편에 커다란 화분을 제작해 논을 만들었습니다. 얼기설기 나무 파레트로 퇴비간을 짓고, 세련된 건식 소변기 옆에 어설픈 그림을 그려 넣은 액비통을 놓아두었지요.

철수님을 만나 용접을 배우고, 김성원 선생님과 화덕을 빚고, 안병일 선생님과 바이오 오일을 만들고, 이재열 선생님께 태양열을 사용하는 법, 사쿠라이 선생님과 시마무라 선생님께 수제 태양광 패널 제작법을 배우고, 김석균 선생님과 카일에게서 흙 미장법과 단열에 대해서 배웠습니다. 그리고 후지무라 선생님과 마사키 선생님께 사는 방법과 방향에 대해 생각하는 법을 배웠습니다. 그렇게, 이분들 모두의 조언을 틈틈이 들어가며 청년들은 선박용 폐 컨테이너 세 동을 가져다 살림집을 지었습니다. (살림집을 지을 수 있었던 재원은 JP모건의 청년들을 위한 기금이 있었기 때문입니다. JP모건은 어떤 회사지? 이 기금은 어떤 돈일까? 갸우뚱하는 시간도 있었지만, 감사한 마음으로 기금을 이용하여 '직선의 시간을 거슬러 지구로 회귀하는 시간'❶의 통로를 내는 데 사용하기로 했습니다. 이 《삶의 기술》을 만드는 데에도 그 기금의 일부가 쓰였음을 밝힙니다.)

살림집을 지으려고 포장용 비닐 끈을 가져다가 폐 컨테이너가 들어올 자리만큼 치수대로 금을 그어 울타리를 쳐 보고 그 안에 들어가 이쪽과 저쪽에는 창을 내고, 이 앞으로 문을 내자, 이 안쪽에 부엌을 만들고, 가운데 화덕을 들이자. 짚과 흙을 발라 단열하고 태양광으로 전기를 만들고 가장 맛있는 빗물 찻집이 되어도 좋겠다. 그런 의견을 나누던 때는 참 두근거리는 추억입니다. 막상 집을 짓는 동안에는 우여곡절도 많았고, 생각보다 힘이 들기도 했지만, 집들이하기로 한 전날 밤을 새워 마지막 손길을 더하던 청년들이 새벽에서야 손을 놓고 마루 데크에 털썩 주저 않고 나란히 누워 깜깜한 하늘을 같이 보던 것도 빼놓을 수는 없겠지요. 별이 나 보였던가? 잘 기억이 나지 않지만 그저 서로 눈을 맞추며 웃었던 일, 힘이 들어도 끝까지 손을 떼지 못하게 했던 것은 함께 일을 하고 땀을 흘리며 농사를 짓고 집을 완성해 가는 동안 쭉 함께한 노곤한 즐거움이었을 것입니다.

그러나 다시 돌아와 마음에 담아 둔 기억을 펼쳐 보면 대조적으로 더 아름답고 좋은 그 노곤함과 새벽하늘과 흙냄새가 모두에게 공평하지 않은 것을 압니다. 하나의 재난이 끝나면 또 다른 재난이 나타나고, 하나의 곤경을 피하면 더 큰 곤경이 나타나는 사회, 누군가가 마당을 독식하여 크고 높은 담을 쌓았는데 거기에는 봄도 가을도 사라진, 외롭고 폭력적인, 저만 알던 거인의 마당 같이 되어 버린 우리 사회에, 살림집을 지어 본 망치를 들어 크고 높은 담의 한 구석에 틈을 내는 일이 중요하다고 생각하게 된 것은 사람들이 좋아하는 '팩트'도 정의도 아닐지 모릅니다. 그저 그것이 눈물 흘리던 친구들의 편에서 함께 눈물이 났던 청년들의 마음이라고 생각했습니다.

종종 적정기술이나 도시농업이, 반GMO와 탈핵과 탈탄소문명을 주장하는 것이 어리석다거나 비과학적이라거나 의롭지도 합법적이지도 않다는 말을 듣기도 합니다. 2008년 자연(바위, 산, 바다 등)에도 인간이 가진 권리와 동등한 권리를 주자는 헌법이 에콰도르에서 통과한 것을 알고 가슴이 뻥 뚫리는 기분을 느꼈던 때로부터 2017년 3월 뉴질랜드에서 원주민들에게 가족과 같았던 황거누이강에 사람과 동등한 법적 권리가 부여되었다는 소식을 듣고 세상은, 사회는 훨씬 더 달라질 수 있고 그것은 과학과 정의만으로는 설명되기 어렵다는 것을 생각하게 됩니다. 지금까지 해 왔던 공부의 과정을 들여다보며 아직 유능한 기술자나 농부가 되지 못하였는데도 몸의 일부에 그런 과정들이 들어 있는 것을 느낍니다. 그리고 여전히 이 도시의 골목길들과 예술과 그리고 사람들을 사랑하는 '삶의 의욕'을 발견합니다. 살림집을 짓는 동안 십여 명의 청년들이 오가며 힘을 보탰습니다. 그 청년들과 청년들과 함께 한 장인들이 이 세상과 사회를 수선해 가며 사람과 자연을 돌보이게 하고 그렇게 시간과 공생하는 《삶의 기술》을 발견해 내리라 기대하며, 이 책을 시작합니다.

❶ 야마오 센세이, 《어제를 향해 걷다》 중에 나오는 표현

특집
자전거

도시 문제와 자전거 문화 _ 김성원

―

자전거가 다니던 골목길 _ 김성원

―

움직이는 자전거 놀이터 _ 자전거문화살롱

―

자전거는 탈것 이상이다 _ 강신호

―

칼갈이 장인의 자전거 _ 김성원

―

전기 자동차와 자전거 _ 김성원

―

화물 자전거와 자전거 수레 _ 김성원

―

드럼통 재활용 화물 자전거 만들기 _ 김성원

―

다시 만들기와 공동체 작업장 _ 장훈교

―

다시 만들어 보자 _ 김명기

―

목화학교 청소년들이 운행한 배움의 여정 _ 김희옥

특집 × 도시 문제와 자전거 문화

자전거는 현대 도시가 직면한 문제의 해결책으로 주목받고 있다. 산업화 이후 전 세계 주요 도시들은 인구 집중과 확대를 반복하며 다양한 '도시 문제'를 가까스로 해결, 유지하고 있다. 한국과 같이 자동차 산업을 경제 성장 동력으로 삼아 온 산업 국가에서는 자동차 도로를 도시와 국가 개발의 구획과 기준선으로 삼으면서 자동차에 의한, 자동차를 위한 도시를 확대하여 왔다. 그 결과 자동차와 관계된 '대기 오염', '교통 체증', '도시 소음'은 도시민의 정주 환경과 건강을 가장 심각하게 위협하고 있다.

'미세 먼지'에 대해 살펴보자. 서울시기후환경본부가 발표한 자료❶는 도시 대기질을 악화시키는 주범이 자동차라는 점을 분명히 보여 주고 있다. 초미세 먼지는 자동차 연소의 영향이 35%로 가장 컸고, 미세 먼지❷는 자동차 영향이 21%로 비산 먼지 다음이었다. 48%를 차지하는 비산 먼지에도 자동차 주행으로 인한 타이어 마모, 도로 비산이 차지하는 비중이 크다.

'교통 체증'은 필연적으로 자동차의 공회전을 유발한다. 이 때문에 기름 낭비, 매연 발생 등 문제점을 불러온다. 교통 체증 원인 중에서는 자가용에 의한 영향이 가장 크다. 서울시의 '2015년 차량 통행 속도' 분석에 따르면 2015년 서울 시내 전체 도로의 평균 통행 속도는 25.2km/h, 도심은 17.9km/h, 외곽은 25.4km/h인 것으로 나타났다.❸ 서울 도심의 평균 차량 속도는 사람이 걷는 것보다는 빠르지만 자전거로 이동하는 것보다 느린 속도였다.

'도시 소음' 수준은 어떨까? 〈서울 도심지역 도로교통소음 특성에 관한 연구〉❹에 따르면 도심 지역의 도로 소음도는 Leq 기준시 72.5~74.4dB(A)로서 도심 지역 전 구간이 환경 기준을 초과하였다.❺ 시간별 소음의 변동 추이를 보면 6시 이후에 상승하여 8시 이후부터 피크를 이루어 거의 비슷한 수준을 유지하다가 밤 11시 이후에야 비로소 감소하는 것으로 나타났다. 자동차 교통량과 각 지점별 소음과의 상관관계는 높은 것으로 나타났다. 도시는 자동차 때문에 새벽 서너 시간을 제외하고 하루 내내 시끄럽다.

이처럼 자동차는 미세 먼지, 교통 체증, 도시 소음 등 주요 도시 문제의 가장 큰 원인이다. 이러한 문제들을 해결하기 위해서는 대중교통과 자전거 이용이 가장 핵심임은 분명하다. 이러한 사실을 정책 담당자들과 연구자들은 분명히 알고 있다. 하지만 여전히 자동차 업계와 자동차 운전자들의 여론을 의식해 과감한 자가용 이용 억제 정책과 자전거 이용 활성화 정책을 전개하지 못하고 있다.

❶ 〈대기질 개선 종합대책〉, 서울시기후환경본부, 2014년 1월 28일.

❷ 미세 먼지(Particulate Matter, PM) 또는 분진은 아황산가스, 질소 산화물, 납, 오존, 일산화탄소 등 수많은 대기 오염 물질을 포함한다. 자동차, 공장 등에서 발생하여 대기 중 장기간 떠다니는 입경 10㎛ 이하의 미세한 먼지로 PM 10이라 쓰고, 입자가 2.5㎛ 이하인 경우는 '초미세 먼지' 또는 '극미세 먼지'라고 부르며 PM 2.5라고 쓴다.

❸ 〈2015년 서울특별시 차량 통행 속도 보고서〉, 서울특별시 도시교통본부, 2016년 4월 5일.

❹ 류인철 외, 〈서울 도심지역 도로교통소음 특성에 관한 연구〉, 《서울특별시 보건환경연구원보》, 48호, 2012.

❺ Leq(Equivalent Noise Level)는 측정 시간 동안 변화하는 소음의 평균을 말한다. 환경정책기본법 시행령에 따르면 소음에 대한 환경 기준은 도로변 지역의 주거 지역은 낮에는 65dB, 밤에는 55dB이다.

반면 북미, 유럽, 아시아의 주요 도시들은 자동차로 인한 도시 문제 해결을 위해 적극적으로 자전거 친화 도시, 보행자 친화 도시 정책과 자전거 문화 확산을 위해 노력하고 있다. 자전거 정책은 자전거 문화를 확산시키고, 자전거 문화는 자전거 정책의 밑바탕이 된다.

자전거 문화는 자전거와 관계된 주류 문화와 다양한 형태의 유행을 포함한 하위문화를 포함한다. 자전거 문화는 레저 자전거 이용이 아닌 실용 자전거 비율이 높은 도시와 국가에서 찾아볼 수 있다. 실용 자전거는 통근/등하교용 자전거와 업무용 자전거를 포함한다. 이런 기준에 따르면 레저 자전거 이용 비중이 높은 한국은 아직 성숙한 자전거 문화를 충분히 갖추지 못했다고 말할 수 있다. 자전거 문화가 형성된 덴마크, 네덜란드, 독일, 벨기에, 스웨덴, 중국, 방글라데시, 일본 등 주요 도시에서 자전거는 도시의 풍경을 이루는 명백한 요소다. 강력한 주류 자전거 문화를 가진 도시는 대개 잘 발달된 자전거 전용 도로와 자전거 주차장, 자전거 보관/수리 시설, 공공 자전거 등 자전거 도시 인프라를 갖추고 있다. 이러한 도시는 레저 목적뿐 아니라 통근, 등하교, 쇼핑을 위해 자전거를 이용하는 인구 비율이 월등히 높고, 대중교통과 연계 체계를 잘 갖추고 있다. 또한 자전거 교통과 관련한 법률을 마련해 자전거 이용자의 권리를 보호하고 있다.

자전거 하위문화는 자전거 문화를 풍부하게 하는 바탕이 된다. 자전거 하위문화는 자전거와 관계된 음악, 자전거를 소재로 한 영화, 자전거 동호회와 사교 모임, 예술 자전거, 이색 자전거, 업무용 자전거, 재활용 자전거, 자전거 제작 공방과 워크숍, 자전거 엔지니어들, 자전거 웹사이트와 SNS, 자전거 잡지, 자전거 출판, 자전거 협동조합 등 다양한 형태로 표현된다. 이외에도 경륜, 자전거 배달, 자전거 노점, 자전거 교통 활동가, 자전거 놀이기구, 자전거 이용 적정기술 등 지역 사회의 자전거 관련 단체와 프로그램을 포함한다. 이번 호에 다루고 있는 자전거 관련 기사들은 실용 자전거 제작과 관련된 자전거 문화와 하위문화를 소개하고 있다. 자전거에 대한 담론이 레저를 위한 자전거와 자전거 여행 정보 수준을 넘어서야 하는 때이다.

- 김성원

✕ 특집 자전거

자전거가 다니던 골목길

김성원 파주타이포그라피학교 coffeetalk@naver.com
'흙부대생활기술네트워크' 관리자. 전남 장흥으로 귀촌해 자급자족을 위한 생활기술과 적정기술을 연구하며 《근질거리는 나의 손》, 《이웃과 함께 짓는 흙부대 집》, 《점화본능을 일깨우는 화덕의 귀환》, 《화목난로의 시대》를 썼다.

자전거를 타고 과거로 여행을 나선다. 페달 굴리는 소리와 이야기가 가득한 거리에선 풍경을 감상하며 느긋한 속도로 달릴 수 있다. 살갗에 직접 닿는 바람은 어느 때나 자유롭고 훈훈하다. 다리가 뻐근할 정도로 페달을 굴러 제법 먼 거리까지 달려가 본다. 자전거 타기의 신체성. 그 때문에 현대 도시인에게 자전거는 레저 장비이다. 자전거는 더 이상 거리를 가득 채우는 교통수단도 아니다. 그럼에도 나는 엉뚱한 상상을 하며 과거로 달려가 특이하게 생긴 자전거 한 대를 찾는다.

자전거 시대

낡은 집들이 다닥다닥 붙은 좁은 골목길로 들어선다. 이곳은 1975년이다. 사람들은 짐 자전차에 위태롭게 높이 쌓아올린 짐과 흔들거리는 삶을 싣고 다닌다. 짐받이가 큰 짐 자전차는 기름때와 붉은 쇳녹이 절묘하게 타협한 빛깔로서 탄탄한 구조에 충실하다. 사과 상자며, 생선 상자, 과일 상자, 병 우유, 잡화, 동대문 시장에 납품할 물건을 싣고 휘청휘청 굴러가던 짐 자전차. 그것은 가난한 서민에게 화물차나 마찬가지다. 짐 자전거라 부르지 않고 짐 자전차라 부른 이유다. 이들뿐이 아니다. 우체부와 신문 배달부는 자전거 뒤에 온갖 사

청계천 상가의 화물 자전거

연과 이야기를 싣고 골목을 누볐다.

과거는 숨차게 페달을 밟아야 하는 오르막길이다. 드디어 서울 1967년. 거리엔 자전차에 공구를 싣고 다니는 순회 장인들이 지나간다. 우산 수리공도, 양은 냄비를 때워 주던 땜쟁이 아저씨도, 칼이나 가위를 갈아 주던 칼갈이 아저씨도, 솜사탕을 마술사처럼 만들던 아저씨도 모두 독특한 리듬과 소리를 내며 손님을 부르고 있다. 자전차는 이동하기 위한 교통수단이었고 제작 공구를 실어 나르는 운송 수단이었다. 회전력을 얻을 수 있는 동력 전달 장치이자 생산 장비였다. 자전차는 가난한 이들의 소중한 생계 도구였다. 그러나 자전차의 용도는 점차 오지 레저용으로 축소되었다. 더 이상 자전차를 몰고 나오던 장인과 상인들의 모습은 길 위에서 찾을 수 없는 운명에 처했다.

좀 더 시간을 거슬러 자전거를 달려 본다. 1817년 독일 바론 카를 폰 드라이스가 인간 동력 실행 기계로 하비 호스Hobby Horse라 불린 자전거를 발명했다. 그 이후 자전거에 페달과 체인이 장착되고 19세기 말까지 지금과 같은 자전거 모델이 완성되었다. 불행히도 20세기 초 북미에서 자동차가 보급되면서 꽤 오랫동안 자전거는 아이들과 여자를 위한 장난감으로 치부되었다. 그럼에도 불구하고 당시 자전거 판매를 위해 만들어진 포스터를 보면 여인들에게 자전거는 교외 멀리 달려갈 수 있는 자유와 낭만을 상징했다. 동시에 권리와 평등을 요구하며 싸우던 여인의 전투적 이미지가 자전거 홍보에 사용되었다. 그뿐 아니다. 당시 급성장하던 노동자들에게 자전거는 평등의 상징이기도 했다. 귀족이나 부자나 노동자나 누구나 나란히 비슷한 자전거를 타고 거리를 달렸기 때문이다. 자동차가 등장하며 차별이 생겼다. 자동차를 살 수 없었던 가난한 이들에게 자전거는 20세기 벽두부터 여전히 상인과 장인을 위한 중요한 자산이자 도구였다. 생선 장수, 칼 가는 장인, 솜사탕 아저씨, 우유 배달, 신문 배달, 우편 배달도 자전거를 이용했다. 이동 정육점은 수레가 달린 자전거를 활용했다. 이탈리아 갈릴레오 박물관에 전시된 자전거들을 살펴보니 소방관, 길거리 이발사, 우산 수리공, 굴뚝 청소부도 자전거를 이용했다. 아직도 동남아에서 자전거는 길거리 장인과 상인들이 생계를 이어 가는 주요한 도구다. 이런 자전거를 요즘 필요와 상황에 맞게 개조해서 수공예 장인과 소박한 상인의 거리와 골목을 다시 꿈꿔 볼 수는 없을까. 기술은 따로 있는 것이 아니라 각 시대 삶을 닮고 있다.

여성 전사가 등장하는 Liberator Cycles 홍보 포스터, 1899 @Jean de Paléologue

× 특집 자전거

움직이는
자전거 놀이터

자전거문화살롱 twitter.com/clesalon

일상에서 재미난 아이디어와 디자인으로 마주할 수 있는 다양한 자전거 문화에 대해서 이야기 나누는 모임입니다. 또한 대화에만 그치지 않고 지속적인 모임을 통해 우리 동네에서 이웃과 함께 즐길 수 있는 자전거 문화들을 조금씩 만들어 가고자 합니다.

〈마이크롭 앤 가솔린〉, 미셸 공드리 감독, 2015.

낡은 문짝, 버려진 타이어, 고물상과 동네 골목에서 주워 온 고철 덩이들. 수줍고 내성적인 어린 예술가 '다니엘'과 괴짜 모험가인 '테오'는 이 말도 안 되는 고물 덩어리로 위대한 상상을 하게 된다. 그리고 그 상상은 영화의 중반부에서 확인할 수 있다. 바로 여행을 떠나기 위한 '움직이는 집'이 탄생하는 것이다. 미셸 공드리의 영화 〈마이크롭 앤 가솔린〉의 이야기이다.

2014년, 우리도 다니엘과 테오처럼 버려진 것들을 주우며 무언가를 상상하기 시작했다. 아이들을 위한 공공놀이터 프로젝트를 시작한 것이다. 버려진 자전거를 매개로 한 세 가지 놀이 프로그램으로 시작한 것이 이제 3년 차를 맞이하였고, 그 사이 놀이는 20가지로 늘어났다. 서울과 수도권 외에도 포항까지 내려가 놀이터를 진행하기도 했다.

3년 남짓한 시간 동안 여러 지역을 다니며, 놀이 현장에서 느낀 것은 아이들은 이미 다니엘처럼 타고난 예술가이고, 테오처럼 모험가 정신을 가져서 우리의 상상을 뛰어넘는 놀이를 만들어 낼 줄 안다는 것이다. 몸집만 커져 버린 '어른 아이들'에게 진짜 노는 법을 알려 주는 것 같았다.

그래서 이것은 자전거문화살롱이 만든 놀이터가 아니다. 함께 만들고 부수며 과정의 즐거움을 함께한 어린 예술가들이 창작한 놀이터이다. 수백 명의 '다니엘'과 '테오'의 손에 의해 비로소 완성된 놀이 몇 가지를 소개한다.

처음 시작한 프로젝트는 '서울시 공원놀이 100'이었다. 이름에서 알 수 있듯이 '공원'에서 펼쳐지는 팝업Pop-up 형태의 놀이터였다. 차량으로 물품을 운반해서 들어갈 수 없기 때문에 이동이 쉽고, 움직일 수 있는 그 자체가 '놀이'가 될 수 있어야 했다. 오래된 중고 쌀집 자전거에 조립형 거치대와 폐품들을 연결하여 이동식 '고물 라디오'가 탄생했다.

고물 라디오

미술 놀이

스핀아트Spin-art 개념의 미술 놀이가 있다. 움직이는 도화지나 원심력을 이용한 재미있는 미술 놀이였다. 하지만 당시에 우리는 그런 걸 구현할 만한 기술력도 없었고 제작비도 충분치 않았다. 고물상에서 주워 온 낡은 자전거 몇 대뿐이었다. 바퀴 축을 그대로 유지하여 절단하고 동네 아저씨에게 쇠파이프 하나 용접해 달라고 해서 만든 움직이는 미술 놀이터.

자전거 골인

자전거 가게에서 폐타이어를 수거해서 색칠을 일일이 덧입혔다. 나무 막대기를 고정하여 가운데 기둥을 만든 다음에 골인시키는 놀이. 옛 추억 삼아 아이들보다 어른들이 더 좋아한다. 던지라고 만든 타이어는 훌라후프가 되고 징검다리로 변한다.

모험 자전거

장애물을 통과하는 '모험 자전거 길'이다. 나무 운반대(팔레트)로 턱을 만들고 넘어져도 완충 역할을 할 수 있게 자동차 타이어를 이중으로 양옆에 깔았다. 어른들의 과도한 걱정과 우려를 가볍게 웃어넘기며 보란 듯이 모험을 즐겨 준 아이들.

자전거문화살롱 놀이터 팀

흔히 '대안 놀이터'에 대해 이야기를 할 때 아이들의 '놀 권리'나 놀이터 작업에 대한 '소명 의식'이 거론되는데 솔직히 우린 그렇진 않았다. 그저 아이들이 그렇듯 우리도 또래 작업자들과 함께 밤새 아이디어를 내고 만들어 가는 과정이 좋았다. 그럼에도 '아이들이 정말 좋아해 줄까?', '우리가 만든 놀이터에서 잘 놀아 줄까?'라는 의문을 계속 안고 작업했다. 그러다 현장에서 놀이터를 펼쳐 놓고 아이들과 놀다 보면 불안하고 걱정스러웠던 지난 마음이 우습게 느껴졌다. 어린 예술가들에 의해 완성된 진짜 놀이터를 그제야 확인할 수 있었기 때문이다. 울컥하기도 하고, 한 편의 연극을 보는 것 같기도 한 움직임을 보며 되레 위안을 받기도 했다. 그래서 고맙다. 우리가 놀아 준다고 생각했는데, 오히려 우리와 놀아 줘서 고맙다. 진심으로.

× 특집 자전거

자전거는
탈것 이상이다

강신호 대안에너지기술연구소 gtmemb@hanmail.net

대안에너지기술연구소는 에너지의 대안을 모색하고 삶 속에서 실천하는 가치를 지향하고 있습니다. 탈핵을 지향하며 생태적 재생 에너지의 활용도를 높이고, 기존 에너지 시스템의 효율 개선 연구와 개발 사업을 추진합니다. 태양광, 태양열, 풍력, 자가발전 시스템, 에너지 자립 시스템을 만들고 설치해서 운용할 것이며, 보다 높은 성능과 효율을 지닌 에너지 자립 시스템에 대해 고민하고 구현하고자 합니다.

자전거라는 과학

국어사전을 찾아보면 자전거自轉車는 "스스로 돌려서 나아가는 탈것"으로 풀이된다. '두 개의 바퀴를 가진 탈것'이란 의미로 쓰인 영어의 바이시클Bicycle과는 관점이 다르다. 물론 우리에게도 이륜차, 삼륜차, 사륜차 식으로 바퀴 개수로 탈것의 형식을 구분하는 단어가 있기는 하다. 그러나 이 구분법은 자전거뿐만

❶ commons.wikimedia.org/w/index.php?curid=2995998

자전거의 구조와 세부 명칭❶

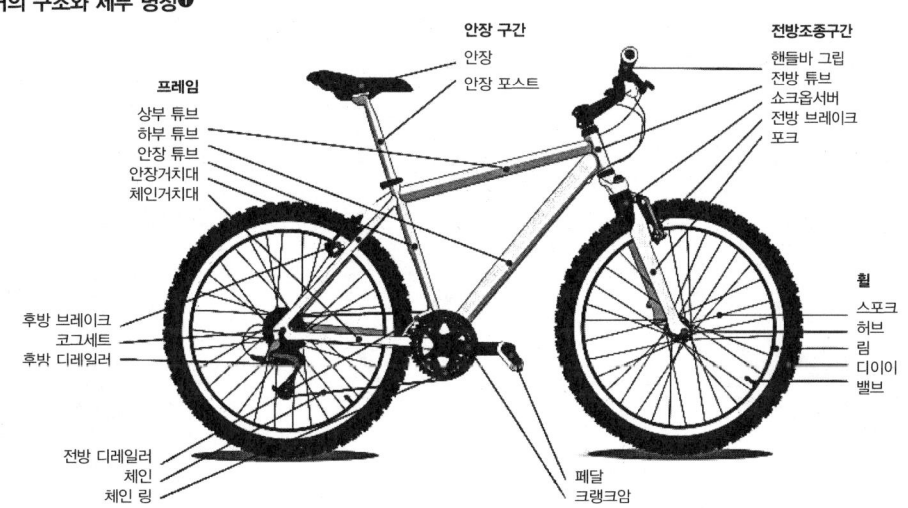

아니라 자동차류를 통칭한다는 점에서 특별한 의미가 있어 보이지 않는다. 여기서 '자전거'와 'Bicycle'이 왜 다른 관점에서 지어진 이름인지를 알 수 있다. 자전거에는 별도의 동력원이 붙어 있지 않다. 대신 탑승자의 페달 밟는 힘을 지렛대 원리로 증폭시켜서 훨씬 더 큰 힘과 속도로 나아가는 '상호 적응적 성능'을 구현한다. 게다가 바퀴가 앞뒤로 두 개뿐임에도 옆으로 넘어지지 않고 '안정적으로 나아갈 수 있음'이라는 의미를 담고 있다. '스스로 움직이는 수레'란 뜻의 자동차가 몸을 쓰지 않고도 자동적으로 움직이는 것을 강조한 단어라면, 자전거는 '상호 적응적 성능과 안정성'을 표현하고 있는 매우 과학적인 단어이다. 자전거의 동력 장치는 다른 분야로 진화하고 있고, 달리는 자전거의 안정성에 대해서 다양한 실험도 있었고 관련된 논문도 많이 발표되었다. 여전히 자전거는 연구 대상인 것이다.

자전거의 마법 - 안정성

달리는 자전거는 왜 쉽게 넘어지지 않을까? 오랜 세월 동안 사람들을 궁금하게 만들어 온 질문이다. 바퀴가 두 개뿐임에도 자전거는 달릴 때 넘어지지 않으려는 복원력이 생긴다. 심지어는 탑승자가 타지 않은 상태의 빈 자전거를 앞으로 밀고 나가다 놓아도 된다. 자전거는 스스로 균형을 잡으며 주행하다가 속도가 줄어들어서야 넘어진다. 이런 안정성의 원리는 무엇일까? 많은 과학자들이 이 원리를 규명하려 들었고, 다양한 이론들을 내놓았다. 그중에 유력한 것들은 다음의 세 가지이다.

첫째로는, 앞바퀴에서의 자이로스코픽Gyroscopic 효과이다. 이것은 팽이가 돌 때 넘어지지 않고 회전축을 중심으로 똑바로 유지하는 것과 같은 효과이다.

❷ www.webstaurantstore.com

트레일 거리의 정의❷

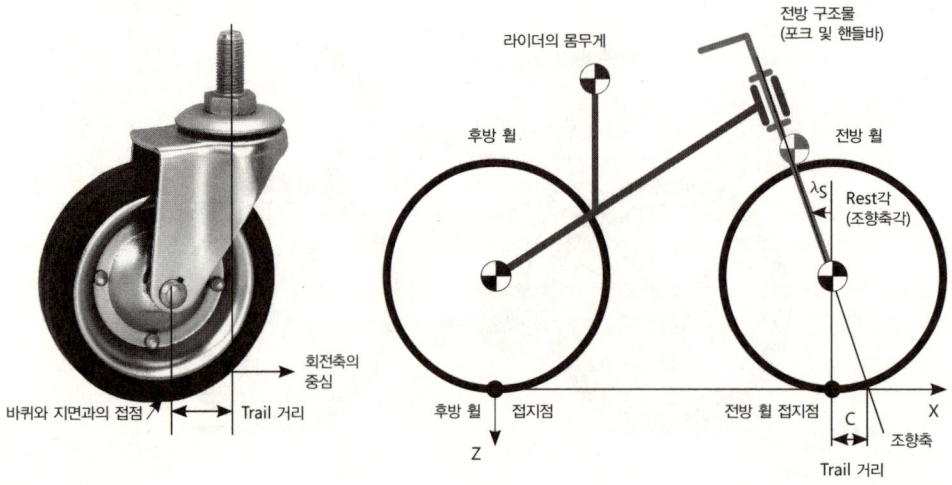

자전거의 앞바퀴를 누워서 돌고 있는 팽이로 간주한다면, 회전하는 동안 회전력에 대한 관성이 마찬가지로 생겨서 중심축을 유지하려는 경향을 보인다. 그래서 오른쪽이든 왼쪽이든 넘어가려는 힘이 생기면, 이 관성력은 넘어지려는 쪽으로 앞바퀴를 틀면서 중심축을 세우는 복원력을 얻게 된다. 이 복원력은 큰 바퀴일수록, 회전수가 높을수록 강해진다.

두 번째로, 중요한 것은 트레일Trail의 존재이다. 트레일은 앞바퀴가 지면과 닿는 접점에서 회전축선을 지면에 연장했을 때 나오는 접점 사이의 거리이다. 즉 앞바퀴가 땅에 닿고 있는 접점보다 더 앞쪽으로 뻗은 회전축선이 있다는 뜻이다. 이 트레일로 인해 자전거가 옆으로 기울어질 때 앞바퀴가 넘어지는 쪽으로 저절로 틀어지는 효과가 발생하며, 이를 캐스터 바퀴와 같은 모양이라 해서 캐스터 효과Caster Effect라고도 한다. 일반적인 자전거는 앞쪽으로 돌출되어 있는 양(+)의 트레일을 가짐으로써 자전거의 안정성을 높인다.

세 번째 중요한 요인은 무게 분산이다. 자전거 구조체 위에 무게를 적절히 분산시켜 놓으면, 자이로스코픽 효과나 트레일 효과 없이도 자전거는 쓰러지지 않고 안정적으로 달릴 수 있다. 이는 2011년에 발표된 네덜란드와 미국 대학교의 공동 연구 결과로 나타난다. 아래 그림과 같이 두 개의 질량체를 지닌 스케이트는 작은 바퀴들을 앞뒤로 단 자전거의 형식이지만, 자이로스코픽 효과와 트레일 효과를 기대할 수 없는 구조로 만들었다. 하지만 뒷바퀴와 연결된 무게추 높이보다 앞바퀴에 연결된 무게추의 높이가 짧음으로 인해 기울어지는 힘에 대해 빨리 반응하면서 방향을 틀어 균형을 잡을 수 있다. 이 기발한 실험의 결과가 발표되면서, 탑승자나 짐의 무게가 자전거의 안정성에 영향을 주는 중요한 변수로 등장하였다.

❸ J. D. G. Kooijman 외, A bicycle can be self-stable without gyroscopic or caster effects, *Science Magazine*, Vol. 33, Apr 2011.

무게추의 배분만으로 균형을 잡는 자전거의 실험 장면❸

자전거의 상호 적응적 성능

자전거에는 별도의 동력원이 없는 대신, 동력을 주는 힘의 원천은 탑승자의 다릿심이다. 사이클 선수라면 평균 시속 40km를 달릴 수 있고, 일반인이라면 20km로 달릴 수 있다. 같은 체중의 탑승자라 해도 튼튼한 하체를 가진 탑승자 쪽이 더 멀리 더 빠르게 달릴 수 있다. 하지만 동력 장치, 예를 들면 전기 모터와 배터리를 다는 순간부터 자전거의 상호 적응적 특성은 이 동력 장치의 간섭을 받기 시작한다. 배터리와 모터의 무게가 추가되어야 하고, 충전량에 구애받으며, 탑승자는 자신의 힘을 다리에 충분히 활용하지 않는다. 즉, 탑승자의 힘과 자전거 크랭크 및 체인 기구의 조합을 통해 독립적으로 작동하던 동력 체계가 교란받는 것이다. 탑승자와 자전거, 이 두 개체의 다양한 인자가 어우러져 상호 적응적 성능으로 발휘될 때에야 생태적인 효용성과 기계적 성능이 어우러져 빛을 발한다.

자전거가 낼 수 있는 출력

그렇다면 탑승자의 체중이 실린 다릿심에 자전거는 어떻게 응답할까? 이것의 해답이 자전거의 효용성을 결정짓는다 해도 과언이 아니다. 자전거는 탑승자가 누구이건, 그가 발휘하는 다릿심과 조종 능력에 정확하게 응답한다. 《Bicycling Science》[4]에 따르면 '건강한 성인 남성'의 경우 200와트의 출력을 1시간 동안 낼 수 있다고 한다. 경륜 세계 챔피언이었던 에디 메르크스의 경우 1시간 동안 400와트를 넘는 출력을 냈다는 기록이 있다. 일반인에 비해 무려 2배의 출력을 낼 수 있었던 것이다. 물론 경륜용 자전거와 일반용 자전거는 성능에 차이가 날 테지만, 자전거의 출력이 탑승자의 물리적 능력에 즉각적으로 응답함을 알 수 있는 예이다.

자전거의 '경이적인' 효율

영문판 위키피디아에 따르면, 자전거는 자가 동력형 이동 기구 중 가장 높은 효율을 지니고 있다. 자전거에 싣고 이동할 수 있는 중량 대비 성능 또한 최고이다. 만일 걷는 데 드는 에너지 정도로 자전거를 타고 여행한다면, 한 시간 동안 갈 수 있는 거리가 무려 16~24km 사이이다. 예를 들어 70kg의 사람이 한 시간에 5km를 걷는다 할 때 소모되는 에너지가 60와트이다. 이 에너지로 같은 사람이 자전거를 타고 가면 15km를 이동할 수가 있다. 같은 에너지로 걸을 때보다 자전거 쪽이 3배의 일을 더 할 수가 있는 것이다. 그렇다면 자전거 대신 자동차를 사용할 때 더 많은 일을 할 수 있는 게 아닐까?

70kg의 사람이 자동차로 한 시간 동안 고속도로를 100km 주행했다고 하자. 자전거로 할 수 있는 일의 6.7배에 달하는 일이다. 그러면 얼마의 에너지를 소비했을까? 단순화시켜서, 가솔린 1리터로 10km를 달리는 자동차가 이 일을 수행하고 있다고 하면, 모두 10리터의 가솔린을 소모했고 이는 무게 약 7kg이다. 가솔린의 kg당 열량은 8,000kcal이고 소모된 7kg이 내는 칼로

[4] Frant Rowland and David Gordon Wilson, The MIT Press, Second Edition, 1982.

리는 56,000kcal이므로, 이를 와트로 환산하면 시간당 3,713와트의 에너지를 소모한 것이 된다. 자동차가 자전거에 비해 일은 6.7배나 더 했지만, 에너지는 62배나 더 소비한 셈이다. 결국 에너지 효율 면에서는 자전거의 0.1 정도에 불과한 것이 된다. 70kg의 사람이 혼자 자동차를 타고 다니는 일, 정말 끔찍하게 비효율적인 일이다.

자전거의 무기 '다릿심 증폭 장치'

무엇이 자전거를 이토록 위대하게 만든 요소일까? 자전거의 페달과 크랭크, 기어 장치에 그 핵심이 숨어 있다. 자전거 페달은 탑승자의 밟는 힘을 증폭시켜서 체인기어에 전달한다. 이 증폭의 원리는 지렛대의 원리와 기어비의 원리이다. 아래 그림에서 지렛대의 원리에 의해 밟는 힘 F는 L배로 증폭된 회전력으로 작용한다. 체인에 의해 종동기어에 전달된 회전력은, 이번엔 기어 잇수 비만큼 증폭되어 회전수와 토크가 가감된다. 즉 구동기어 잇수(N) : 종동기어 잇수(n) 비율만큼 회전 속도가 가감되어 언덕길을 올라갈 수 있게 하거나 평지를 쏜살같이 달릴 수 있게 한다.

페달과 크랭크암, 체인기어의 원리

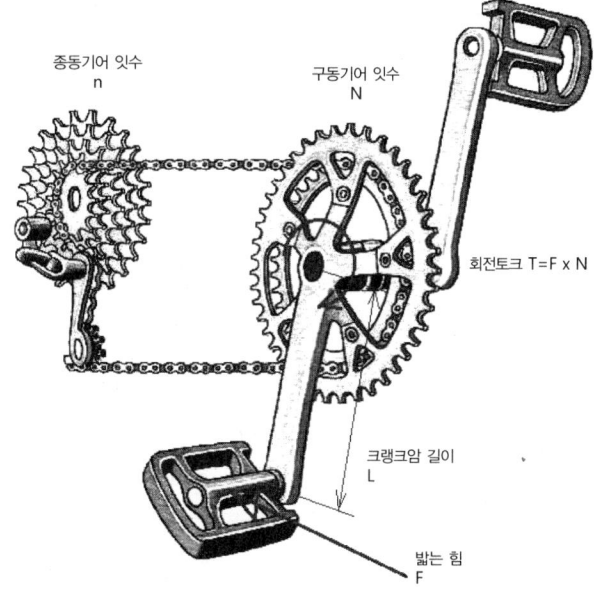

예전이 자전거에 비하면, 현대의 자전거는 프레임의 무게가 가벼워졌음에도 오히려 더 튼튼해졌다. 첨단 재료를 적용한 덕분이다. 가볍다는 것은 그만큼 무게로 인한 저항 손실을 줄일 수 있다는 의미이다. 게다가 고정부와 회전부가 만나는 지점에서 발생하는 마찰력 또한 정밀하고도 고급스런 베어링을 적용함으로써 현저히 줄일 수 있다. 성능과 수명 모두가 좋아진 것이다. 인체공학적인 프레임 디자인은 주행할 때의 공기 저항을 최소한으로 줄여 에너지 소비를 줄일 수 있게 했다. 자전거는 진화하고 있는 생명체와 조금도 다를 바가 없다.

자전거의 두 바퀴 : 지구와 인간

1817년에 발로 가는 자전거가 처음 등장한 이후, 탑승자의 다릿심을 바퀴에 전달하기 위한 페달과 크랭크가 앞바퀴에 붙은 시기는 50년이 채 안 지난 1863년이었다. 이것이 오늘날 우리가 알고 있는 자전거 페달의 원형이다. 자전거가 처음 등장한 19세기 초반에 유럽은 산업 혁명의 분위기가 무르익고 있었다. 자전거가 조금씩 개량되고 있는 와중에도 증기 자동차로부터 가솔린 자동차와 디젤 자동차로의 발달 등 자동차 문화가 눈부신 기술적 성장을 업고 인류 사회에 파고들게 되었다. 그 결과가 기후 변화라는 괴물의 등장으로 이어졌다. 1950년대부터는 자전거의 이용 방식에도 변화가 있어서, 단순한 교통수단으로부터 취미나 건강 관리용으로 용도가 넓어졌다. 세계적인 규모의 자전거 경기도 열리기 시작했고, 중국제 Flying Pigeon이라는 자전거 브랜드가 세계 자전거 시장을 휩쓸었다. 이러한 변화는 자동차 등 오토 차량이 발달되고 생활 수준이 높은 선진국에서 두드러졌지만, 개발 도상국에서는 상대적으로 둔감했다. 1970년에 들어와서 지구 환경과 자원의 남용, 생태계 파괴에 대한 의식이 높아지면서 자전거를 보는 눈이 달라지기 시작했다. 지구적 위기의 대안으로서 자전거를 찾는 수요가 많아진 것이다. 게다가 이 무렵의 두 차례 중동발 유류 파동은 자전거로의 전환을 촉진시켰다. 인류가 만들어 낸 것들 중 자전거가 생태적으로 또 기계적으로도 가장 위대한 발명품이라는 사실을 비로소 깨닫기 시작한 것이다.

다음 그래프를 보면, 2007년도 세계의 자전거 생산량은 1950년도에 비해 무려 13배나 성장했다. 완만하게 성장하고 있는 자동차 생산량에 비하면 훨씬 가파른데, 2000년대 들어서는 더 급속하게 증가하고 있다.

인간에 달린 지구의 미래. 자전거는 앞바퀴가 방향을 좌우한다. 지구가 나아가야 할 방향이 에너지 전환에 달려 있다는 뜻으로 그려 보았다.

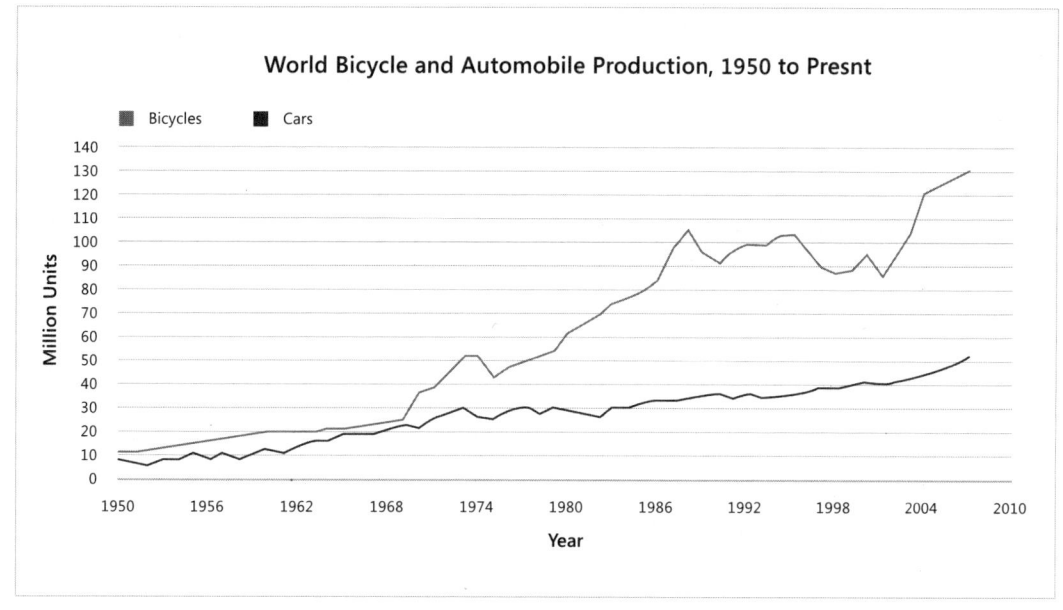

세계의 자전거와 자동차 생산량 비교(1950년부터 2007년까지의 데이터이며, 전기 자전거도 포함되어 있다)❺

'페달 파워'에 주목해야 하는 이유

앞에서도 언급하였지만, 자전거의 핵심 기구는 힘과 속도를 증폭시키는 지렛대와 체인기어에 있다. 자전거에서 지렛대는 페달이 붙어 있는 크랭크암이다. 이 뛰어난 기계 장치를 잘만 이용하면, 평균 200와트 급의 무료 동력을 어디서나 이용할 수 있다. 물을 퍼 올리든, 전기를 생산하든, 곡식의 낟알을 까든 무궁무진하다. 사실 지렛대와 기어는 우리 실생활에서 없어서는 안 될 정도로 밀접하게 파고들어와 있다. 현관문을 열고 닫는 도어 실린더에서부터, 피아노의 페달, 싱크대의 수전 손잡이, 거실에 달린 전등 스위치, 시계 속의 정밀 부품 등 이루 말할 수 없이 많다.

만일 우리가 파워와 속도감 넘치는 삶을 굳이 살지 않아도 된다면 — 사실 그래야만 하는 이유가 딱히 있지도 않다 — 엔진이 장착된 탈것이나 기계는 없어도 된다. 동력기 없이도 페달로 돌려서 재봉질도 하고, 탈곡도 했으며, 나무를 자르거나 구멍을 뚫거나 할 수 있었다. 일상의 많은 과정 속에서 창의적이고 지혜 넘치는 방법과 도구가 이미 존재했거나 개발할 수 있기 때문이다. 그러던 것이 산업이란 명목으로, 자본주의적 경쟁과 생존을 요구하는 공장과 시장으로 내몰리면서 우리의 삶은 브레이크 없는 기차와도 같아졌다. 왜 내몰리는가?

자전거의 페달과 크랭크암, 체인과 체인기어 카트리지는 탈것에 특화된 기구의 조합이다. 만일 이동하지 않고 정지 상태에서 물을 퍼 올린다 치자. 바퀴가 없어도 되고 앞뒤로 길쭉하지 않아도 된다. 집 안 거실이나 주방에 놓을 수 있는 디자인으로 페달과 기어, 벨트와 체인을 배치해서 얻어진 작은 회전력으

❺ chartsbin.com/view/zl9

로 음식을 갈거나 다지거나 국수를 내릴 수도 있다. 엔진처럼 요란한 소음을 내거나 폭발적이지도 않아서 도시의 아파트에서조차 쓸 수 있을 것이다. 그렇다면 페달 파워를 구현하기 위해 무엇이 필요할까?

첫째, 최소한 초보자 수준 이상의 공작 능력을 갖추는 것이 필요하다. 집에 기본적인 수공구와 전동 공구를 갖추고 있어서, 간단한 가구 정도는 자가 제작을 할 수 있는 정도의 목공 기술을 지녀야 한다. 기초 수준의 용접이라도 할 수 있으면 금상첨화이다. 공구는 서로 나눠서 보유하거나 공동 작업장 형태로 공유하면 해결이 된다.

둘째, 페달 파워의 기본 원리 정도는 이해하고 있자. 실생활에서 어떤 장치가 페달 파워의 응용인지 찾아 꿰고 있으면 더욱 좋다. 설사 모터나 엔진 같은 동력 장치가 붙은 것이라도 지렛대와 기어 등으로 대체할 수 있을지 관심을 가져 보자. 궁리는 오래할수록 더 좋은 해법으로 변화한다.

셋째, 자신을 창의적인 다이어^{DIYer}로 진화시키자. 자꾸 만들어 보고 고쳐 보자. 내 삶을 내가 주도적으로 이끌어 갈 수 있다. 창의적이기 위해선 다양한 기회 앞에서 용기를 내는 일도 필요하다. 실패할지언정 아이디어를 내 보고 만들어 보기까지 해야 한다. 결과가 실패로 나타났더라도 이후에 똑같은 실수를 반복하지 않을 수 있을 것이다.

넷째, 혼자보다는 누구든지 함께할 수 있는 사람을 찾아보자. 가족이어도 좋고 이웃이어도 좋다. 온오프상의 동호회라도 찾아서 노하우를 나누고 사례를 공유하다 보면, 지식의 폭이 넓어지고 자신감도 붙는다. 함께 만드는 과정이 끝나면 성취감을 주고, 한 걸음 진화된 자신과 주변을 발견할 수 있다.

도시형 적정기술이란 말이 있다. 적정기술의 철학에 도시형이 있고 농촌형이 있는 것이 아니지만, 기술을 적용할 때 도시라는 제약 많은 환경에 잘 어울리는 기술적 대상을 의미한다. 페달 파워는 도시에서 수행할 수 있는 적정기술의 목표로도 잘 어울린다. 무궁무진한 페달 파워의 세계에서 대안을 찾고 구현하려는 일이 문화처럼 자리 잡고 유행처럼 퍼져야 한다.

※ 참고자료

1. J. D. G. Kooijman 외, A bicycle can be self-stable without gyroscopic or caster effects, *Science Magazine*, Vol. 33, Apr 2011.
2. David E H. Jones, The stability of the bicycle, *Physics Today*, Sep 2006(Original from the Archive Apr, 1970, pp 34-40).
3. David Gordon Wilson, *Understanding Pedal Power*, VITA Paper, 1986.
4. 인터넷 동영상, Why bicycles do not fall: Arend Schwab at TEDxDelft(www.youtube.com/watch?v=2Y4mbT3ozcA)
5. en.wikipedia.org/wiki/Bicycle

✕ 특집 자전거

칼갈이 장인의
자전거

김성원 파주타이포그라피학교 coffeetalk@naver.com
'흙부대생활기술네트워크' 관리자. 전남 장흥으로 귀촌해 자급자족을 위한 생활기술과 적정기술을 연구하며 《근질거리는 나의 손》, 《이웃과 함께 짓는 흙부대 집》, 《점화본능을 일깨우는 화덕의 귀환》, 《화목난로의 시대》를 썼다.

이게 웬일일까? 장흥 용산 마실장에 칼갈이가 등장했다. 최근 귀촌한 목수였다. 장에 나와 커피를 파는 부인 옆에서 커피콩도 볶고 한 1년 칼을 갈기 시작했다. 참 묘한 조합이었다. 한때 화가였다던 그는 인천에서 목공방을 할 때부터 칼을 갈았다. 단골 식당 주인이 부탁한 칼을 목공용 샌딩 페이퍼로 갈아 준 일이 계기가 되었다. 소문을 듣고 칼 갈아 달라는 이웃들 요청이 늘었다. 매번 거저 해 주기 힘들어 조금씩 돈을 받다 보니 부업으로 칼을 갈게 되었다. 그동안 칼을 못 갈아 체증이 생겼던 것일까. 장날만 되면 기다렸다 집 안에 있는 칼, 가위며 온갖 날붙이를 가지고 나오는 이들이 적지 않다. 칼갈이 수입도 제법 짭짤하다. 칼 하나 가는 데 3천 원이다. 그는 모터가 달린 회전 연마석과 전동 샌딩 페이퍼를 사용하면 1시간에 20자루 이상 칼을 갈 수 있다. 시급 1만 원도 보장되지 않는 상황에서 그는 시간당 6만 원을 버는 셈이다. 한 마을에 칼을 갈아 준다며 갔을 때는 100여 개 넘는 날붙이가 나왔다.
요즘은 도시건 농촌이건 날붙이를 갈아 쓰는 이들이 드물다. 간단하게 칼 가는 도구를 마트에서 살 수 있다. 하지만 제대로 날이 서도록 갈기 위해선 기술이 필요하다. 쉽게 값싼 칼을 살 수 있기 때문에 대개 굳이 칼을 갈아 쓰지 않는다. 요즘은 칼을 갈아 본 이도 드물다. 버리기 아깝다 보니 집 안에는 무딘 칼들이 쌓이다 버려진다. 시골도 마찬가지. 젊은 사람이야 숫돌에 칼이나 낫을 갈아 쓰지만, 나이 든 노인은 그마저 힘이 든다. 값싼 중국 낫을 쓰다가 날이 무뎌지면 쉽게 이곳저곳에 버린다.

푸드 트럭보다 자전거

청년 실업 대책인지 노점상 활성화 정책인지 푸드 트럭 이야기가 종종 들린다. 그럴듯한 디자인과 특화된 설비를 갖춘 푸드 트럭을 사고 영업 허가를 받으려면 도대체 얼마가 드는 걸까? 트럭 값을 제외하고도 개조 비용만 최소 1,000만 원에서 1,500만 원이다. 트럭 값까지 포함하면 못해도 3천만 원 이상이다. 청년들이 도대체 얼마나 있다고? 물론 그 정도 비용을 감당할 청년이 없지는 않겠지만 내 주변엔 그렇지 않은 청년들이 더 많다. 1970년대 나의 아버지는 짐 자전거 한 대로 장사를 시작했다. 산처럼 높은 짐을 싣고 동대문 시장을 향하던 위태로운 모습이 안쓰러웠다. 그렇게 자식들을 키워 준 아버지를 마음 깊이 존경하고 감사해한다. 그 당시 대다수 사람들이 자전거 하나에 기대어 장사를 했다. 청년들이 빚을 지고 푸드 트럭을 사느니 과거 그들처럼 자전거로 자신의 첫 창업을 시작해 보는 것이 낫다.

청년 칼갈이 사업

옛날처럼 도시 골목골목을 다니며 칼 가는 일은 어떨까? 의외로 적지 않은 돈을 벌 수 있을 것이다. 노량진 수산시장에서 칼 가는 이 수입이 무시 못 할 정도란다. 아직도 동대문과 남대문 주변 재봉사를 위해 가위를 갈아 주는 이들이 남아 있다. 이들이 버는 수익은 웬만한 아르바이트보다 훨씬 높다. 과거 칼갈이 장인처럼 자전거 앞에 매단 상자에 좋은 칼이나 가위를 꽂아 두고 겸사겸사 팔 수도 있다. 멋진 유니폼을 입고 칼이나 가위에 대한 해박한 지식을 가진 젊은 청년 장인이라면 더욱 좋겠다. 자전거도 장시간 작업에 편안하게

칼갈이 장인의 자전거 @Museo Galileo

로만 스타일 칼갈이 자전거 @Museo Galileo

개조하고 디자인도 멋지게 만들면 어떨까. 전화번호도 적어 두어 아파트 단지에서 부르면 찾아갈 수 있도록 시스템을 만들면 또한 어떨까. 칼을 갈아 번 돈의 일부는 조합비와 소모품 비로 내고, 칼이나 가위 판 돈은 수익을 나누는 모델로 협동조합을 만들 수도 있겠다. 지역별로 자전거 보관소와 물품 보관소를 두어도 좋겠다. 칼, 가위 등 각종 날붙이 전문점과 연계해 보면 어떨까. 사소해 보이는 일들의 실상은 종종 겉보기와 다르다. 우리의 일상은 그러한 것들로 채워진 풍경이다. 사소하고 하찮아 보이는 것이라도 잠재 수요가 크다면 무시 못 할 사업이 될 수 있다. 곳곳에 늘어나는 대안 장터에 나와도 좋겠다. 무수한 사람들이 독점하려 하지도 독점할 수도 없었던 자전거 비즈니스가 엉뚱한 상상만은 아닌 듯하다. 최근엔 '자전거 카페', '자전거 치킨', '자전거 비어 바' 같은 노점이 등장하고 있으니 자전거를 탄 장인이 다시 등장하지 말란 법은 없다. 험한 일이다 안쓰러워 할 일이 아니다. 겉은 멋들어지고 트렌디한 사업 아이템이지만 정작 수익 모델은 허약한 창업보다 되려 건강하고 실속 있는 일이다.

펜실베이니아 윈터 바이시클즈가 주문
생산한 칼갈이 자전거❶

이탈리아 자전거 라로띠노 L'Arrotino

기술의 과거를 현재로 불러오고 싶어 자료들을 꼼꼼히 찾아보다 이탈리아 칼갈이 자전거 도면을 발견했다. 칼갈이 자전거는 자전거 페달을 돌려 연마 휠을 돌릴 수 있다. 이동할 때 뒷바퀴에 거는 체인과 별도로 연마석에 거는 작업용 체인과 작업용 기어 세트를 별도로 가지고 있다. 작업할 때는 뒷바퀴 체인을 페달에서 빼내어 뒤 거치대에 걸어 둔다. 원형 연마석은 자전거 중앙 프레임에 얹혀 볼트로 고정하거나 아예 용접해서 부착한다. 연마 휠은 용도에 따라 다양하게 교체하며 사용할 수 있다. 요즘은 기본 연마석을 그대로 두고 끼워 사용할 수 있는 연마재들이 다양하다. 교체할 수 있는 원형 띠 사포, 광택용 버프, 다양한 원형 숫돌, 마무리용 융 버프 등 다양한 연마재를 사용할 수 있다. 연마석 위로 냉각수를 담는 통이 달려 있다. 칼을 갈다 보면 마찰열 때문에 칼이 물러지기 쉽기 때문에 종종 냉각할 필요가 있다. 연마석 둘레로는 물이 튀기지 않도록 물받이 틀이 붙어 있다. 그 아래로 흘러내리는 물이 빠지는 배수관이 지면까지 내려져 있다. 연마석 앞에는 작은 모루가 고정된

❶ www.winterbicycles.com/projects/larrotino

작업대가 놓여 있다. 자전거 앞뒤에는 판매하는 칼이나 가위를 진열할 상자나 각종 공구와 소모품을 담는 상자를 싣는다. 자전거를 안전하게 세워 두기 위해 측면이나 뒷바퀴에 안테나처럼 조절할 수 있는 지지대와 삼각 받침이 달려 있다. 안장은 오랜 작업에 적합하게 편리하고 푹신하다.

최근 미국 펜실베이니아에서 사업 중인 맞춤형 자전거 제작 공방 윈터 바이시클즈는 1940년대 유행했던 라로띠노라 불리는 로만 스타일의 칼갈이 자전거를 참조해서 현대적 칼갈이 자전거를 만들었다. 그들이 칼갈이 자전거를 주문받아 완성한 때는 먼 과거가 아닌 2011년이었다.

칼을 가는 일은 보기와 달리 제법 숙련과 기술이 필요하다. 적당히 냉각시키지 않으면 쇠가 물러질 수 있다. 가열된 후 지나치게 냉각하면 날이 깨지기 쉽다. 연마도 건식과 습식으로 나뉘어진다. 날을 가는 앞뒤 각도가 중요하고, 쇠붙이 종류에 따라 연마하거나 광택을 내는 방법도 다르다. 거친 연마재에서 시작해 서서히 더욱 고운 연마재로 바꾸어 가며 날을 세우고 광택을 내야 한다. 부엌칼이나 회칼 가는 법이 다르고, 가위 날 세우는 법이 다르다. 미용실 가위가 다르고 재단 가위가 다르다. 날을 제대로 세울 줄 알면 좋은 칼, 좋은 가위를 보는 안목도 늘게 된다. 각종 연마광택제를 구분할 수 있어야 한다. 연마재를 파는 곳을 찾아보니 천일연마상사(paperchunil.com), 한국물산(www.grindingdisc.co.kr), 대원연마(dwco.co.kr) 등 몇 곳이 나온다. 여러 사람 날붙이를 갈려면 서글서글 인상도 좋아야겠고 말재주도 좋아야 한다. 만약 청년들이 칼갈이 자전거를 타고 골목을 다닌다면 그들은 또 어떤 인상과 말재주를 가지게 될까. 언젠가 그 청년들 칼 가는 재주가 어느 정도인지 살피러 가야겠다. 칼 갈러 나온 아줌마들과 나누는 이야기는 또 어떨까. 어쩌면 그곳에 가기 전 다른 어느 곳에서 골목길을 다니며 "칼 갈아요"를 외치는 소리를 듣게 될지도 모른다. 무엇보다 이처럼 또다시 누군가 기술의 과거를 헤매는 이를 만나기를 기대해 본다. 옛 도구가 만드는 삶의 풍경을 살펴보고 예기치 못했던 내일을 다시 만들어 가려는 엉뚱한 꿈을 꾸는 젊은이 말이다.

× 특집 자전거

전기 자동차와 자전거

김성원 파주타이포그라피학교 coffeetalk@naver.com

'흙부대생활기술네트워크' 관리자. 전남 장흥으로 귀촌해 자급자족을 위한 생활기술과 적정기술을 연구하며 《근질거리는 나의 손》, 《이웃과 함께 짓는 흙부대 집》, 《점화본능을 일깨우는 화덕의 귀환》, 《화목난로의 시대》를 썼다.

요즘 부쩍 뉴스에 전기 자동차가 등장한다. 전기 자동차의 대명사가 된 '테슬라'에 대한 이야기부터, 주요 자동차 기업의 전기 자동차 개발 경쟁을 심심찮게 다룬다. 미세 먼지가 시급히 해결해야 할 환경 과제가 되면서 전기 자동차가 부각되고 있다. 과연 전기 자동차는 친환경차일까? 배기가스 대신 물을 배출하니 언뜻 보기엔 친환경차로 착각할 수 있다. 하지만 전기 자동차에 필요한 전기는 화력발전소나 핵발전소에서 생산한다. 휘발유나 경유로 가동되는 수많은 자동차가 전기 자동차로 바뀐다면 지금보다 더 많은 화력발전소나 핵발전소가 증설되어야 한다. 화력발전소가 늘어나면 대기 오염은 더욱 심각해진다. 핵발전소가 늘어나면 사고의 위험은 그만큼 증가한다. 전기 자동차는 화석 에너지 자동차들에 비해 에너지 효율도 떨어진다. 발전, 송전, 충전, 구동 과정에서 에너지 손실이 크다. 실상이 이러니 싱가포르 정부는 '테슬라 S' 전기 자동차가 친환경차가 아니란 이유로 환경 부담금을 부과했다. 전기 자동차에서 직접 배기가스가 배출되지 않을 뿐 결국 발전소에서 더 많은 배기가스가 배출된다. 전미경제연구소도 미국 내 석탄발전 비중이 높은 동부 지역에서 전기 자동차가 훨씬 더 많은 환경 오염을 간접적으로 발생시킨다는 결론을 내렸다. 덴마크 국립환경연구소의 발표에 따르면 "전기 자동차가 2020년까지 10% 증가하면 한 해 사망자 수는 1,617명 더 늘어날 것"이라고 밝혔다. 친환경차라면 사용 단계뿐 아니라 연료의 채취, 생산 단계에서도 환경 오염을 유발시키지 말아야 한다. 테슬라는 이런 문제를 의식해서 대규모 태양광발전소를 짓겠다고 발표했다. 한마디로 쇼다. 증가하는 전기 자동차에 필요한 전기를 태양광발전으로 공급하려면 도대체 얼마나 많은 태양광 발전소를 지어야 할까. 이러한 문제를 기업이나 정부가 모를 리 없다. 그럼에도 자동차 산업계나 정부가 전기 자동차 생산과 보급에 힘을 실으려는 진짜 이유는 무엇일까?

전기 자동차?

화석 연료 자동차 시장의 축소가 불 보듯 뻔하다. 대기 오염 때문에 화석 연료 자동차가 퇴출되어야 하는 것이 아니다. 문제는 석유다. 한동안 셰일가스니 샌드오일이니 하는 대체 연료가 생산되면서 제법 큰 폭으로 유가가 하락했다. 산유국들의 정치 경제적 갈등 때문에도 유가는 잠시 내려갔다. 유가 하락으로 산유 플랜트와 유조선 건조 수요가 줄면서 조선업이 불황을 맞이했다고 진단한다. 과연 그럴까? 이제 셰일가스나 샌드오일의 채산성은 점점 낮아지고 있다. 산유국들의 산유량 조정에 따라 다시 유가는 치솟고 있다. 유가가 급하게 다시 상승하는 이유는 또 있다. 2016년 6월 22일 발행된 《주간동아》에는 〈북해 유전 해체, 석유시대 종말의 신호탄〉이란 제목의 기사가 실렸다. 북해 유전 가운데 대표적 유전인 브렌트 유전은 세계 유가의 기준이 될 정도로 수백만 배럴에 이르는 생산량을 자랑했다. 하지만 1980년을 기점으로 최근 산유량은 전성기의 1/500 수준인 1천 배럴 수준으로 낮아졌다. 다른 북해 유전 생산량도 2009년 180만 배럴의 절반 수준으로 떨어졌다. 브렌트 유전을 비롯한 북해 유전은 점점 채산성이 떨어지고 노후화되면서 고갈되고 있다. 이런 상황 때문에 북해 유전 곳곳에서 유전 해체 작업이 본격적으로 시작되었다. 북해에 있는 470개 플랜트와 유정 5,000개가 순차적으로 해체 수순에 들어갔다. 북해뿐 아니다. 사우디아라비아는 석유가 고갈되는 '포스트 오일' 시대를 대비해 비전2030 정책을 추진하고 있다. 석유 생산량이 줄면서 당연히 플랜트 수요와 유조선 건조 수요가 줄어들게 된다. 조선업 불황의 근본 원인은 유가 하락이 아니라 석유 고갈에 있다. 이 상황에서 유가가 상승하고 있다. 이제 화석 연료 자동차의 경쟁력은 점차 낮아지고 있다. 싼 기름을 넣고 달리던 자동차 전성 시대는 저물고 있다. 화석 연료에 기반한 자동차 산업의 위기가 임박했다. 이 사실을 잘 알고 있는 기업이나 정부로선 전기 자동차란 새로운 산업적 대안이 절실한 상황이다.

정부는 경유차와 휘발유차, 화력발전의 대기 오염 비중을 저울질한다. 자동차 산업계의 손익을 눈치 보며, 애꿎게 고등어를 불판에 올렸다 내려놓는다. 그렇게 정부의 미세 먼지 대책은 우왕좌왕하고 있다. 도무지 종합적이거나 심층적인 문제의식도 없고 근본 대책을 내놓지 못하는 무능한 정부에는 기대할 게 없다. 이 와중에 친환경차로 위장한 전기 자동차를 전면에 내세우며 기업은 새로운 활로를 찾고 있다. 유독 빠르게 찾아온 더운 여름에 짜증 섞인 얼굴을 마스크로 가린 시민들은 거리를 불안하게 걷고 있다. 해결 방법은 없는 것일까?

대중교통 수단의 전환

작은 암스테르담이라 불리는 네델란드 흐로닝언을 주목할 필요가 있다. 그곳에 답이 있다. 인구가 20만 명(2015년 기준)에 지나지 않는 이 작은 교육 도시는 자전거 도시이다. 이 도시의 자전거 도로는 총연장 199km이다. 반면 50배 더 많은 인구가 사는 서울시의 자전거 도로 총연장은 674km에 지나지 않는다. 소도시 흐로닝언의 자전거 도로 비중이 얼마나 높은지 알 수 있다. 흐로닝언의 자전거는 교통량의 61%를 차지한다. 버스는 3%, 자동차는 36%를 차지한다. 등교시 자전거 이용은 70%에 육박한다. 더욱 놀라운 점은 시민 1인당 자전거 보유 대수가 평균 1.5대, 가구당 3.1대이다. 흐로닝언은 철저한 자전거 우선 정책을 실시하고 있다. 긴밀한 자전거 연결망을 구축하고 자전거 전용 공간을 확충하고 있다. 여기에 자전거 주차 공간은 편리하고 깨끗하게 조성되어 있다. 반면 자동차는 일체 도심 진입을 할 수 없다. 조례로 도심 자동차 진입을 금지하기 때문이다.

흐로닝언이 자전거 문화 도시로 탈바꿈하기 시작한 때는 1970년대부터이다. 1960년대 들어서 자동차와 인구가 급속하게 늘어났고 점점 도시를 압박하고 있었다. 당시 흔한 해결책은 오래된 동네를 철거하고 대형 건물을 짓고 넓은 자동차 도로를 만드는 방식이었다. 반덴버그의 선택은 달랐다. 그는 당시 24세 젊은 나이에 흐로닝언의 교통도시개발 정책 담당자가 된 좌파 정치인이었다. 오래된 동네를 파괴하는 대신 도시의 역사성을 보존하고 쾌적한 공간을 만들고자 하는 비전을 가지고 있었다. 도심에서 자동차를 추방하고, 보행자와 자전거 이용자를 위한 공간을 확충하며, 대중교통을 중시하는 정책을 추진했다. 당시 그가 속해 있던 좌파 정당 내부에서도 반대가 극심했다. 그러나 젊은 이들은 좌우를 막론하고 구시대 정치인들에 대항해 그의 자전거 정책과 보행자 우선 정책을 적극 지지했다. 현재 흐로닝언은 네델란드 도시 중에서도 깨끗한 공기를 자랑한다. 도심 거리는 놀라울 정도로 조용하다. 출퇴근, 등교, 화물 운송, 배달, 거리 장인 작업, 노점, 산책, 쇼핑 등 일상생활 속에서 수많은

흐로닝언 역사 앞에 주차된 수많은 자전거
@Eurogates

호르닝언의 다양한 실용 자전거
@Groningenrevisited

자전거가 이용되고 있다. 그곳엔 적지 않은 자전거 점포와 일상의 필요에 따라 다양한 형태의 대안 자전거를 만드는 공방과 장인들이 있다. 자전거 문화란 사이클링 스포츠 인구가 많다고 형성되지 않는다. 일상에서 다양한 용도로 자전거를 이용하는 인구와 그러한 자전거를 만드는 이들, 그리고 그들로부터 지지를 받은 정치인이 주도하는 과감한 정책적 결단, 그 결과로 만들어지는 풍부한 자전거 이용 인프라가 자전거 문화를 만든다.

전기 자동차는 자동차 업계의 산업적 이익을 지속하려는 꼼수일 뿐이다. 미세 먼지와 에너지 고갈에 대처하는 검증된 방법은 '자전거 도시'를 만드는 것이다. 산더미처럼 쌓여 있을 버려진 자전거를 재활용해서 다양하게 사용할 수 있는 대안 자전거를 함께 만들어 보자. 오지랖 넓은 나는 요즘 이러저러한 대안 자전거 도면을 수집하고 있다. 조만간 적정기술 활동가들과 함께 모여 화물 자전거, 네발 자전거, 누워서 타는 자전거 몇 대쯤 만들어 볼 엄두를 내고 있다.

× 특집 자전거

화물 자전거와 자전거 수레

김성원 파주타이포그라피학교 coffeetalk@naver.com
'흙부대생활기술네트워크' 관리자. 전남 장흥으로 귀촌해 자급자족을 위한 생활기술과 적정기술을 연구하며 《근질거리는 나의 손》, 《이웃과 함께 짓는 흙부대 집》, 《점화본능을 일깨우는 화덕의 귀환》, 《화목난로의 시대》를 썼다.

사람들이 자전거를 타는 이유는 무엇일까? 자신의 신체적 힘을 사용해 이동하고, 몸으로 직접 바람과 주변 환경을 보고 느끼는 '신체성'이야말로 사람들이 여가로 자전거를 타는 이유다. 다른 이유도 있다. 짐받이가 큰 '짐 자전거'를 떠올려 보자. 30~40년 전만 해도 적지 않은 사람들이 물건을 실어 나르기 위해 자전거를 사용했다. 지금은 자동차와 오토바이가 화물 자전거를 대체해 버렸다. 반면 유럽에서 화물 자전거는 공공 지원을 받으며 다시 주목받고 있다.

유럽의 사이클 로지스틱스 프로젝트

유럽 정부는 2011~2014년 동안 화물 자전거 확산을 위해 싸이클 로지스틱스Cycle Logistics라는 지원 프로젝트를 진행했다. 이 프로젝트는 유럽 내 도시 화물 운송을 자전거로 대체하는 사업이다. 기후 변화와 에너지 위기에 대응해 화물 운송 에너지를 절감하기 위해서다. 이 프로젝트로 수행된 연구에 따르면 화물 자전거cargo bike는 도시 화물의 25%를 감당할 수 있다. 화물 자전거가 갖는 생태적, 사회적 가치는 분명하다. 연료 절감, 오염 감소, 적은 소음, 교통 체증 감소, 차량 사고 감소, 주정차 편리 등 많은 이점을 갖고 있다. 화물 자전거는 상인과 배달 서비스 산업에 상당한 경제적 이익을 준다. 화물 자전거 배달은 차량 배달보다 저렴하기 때문이다. 우선 차량에 비해 자전거 구입비가 훨씬 적다. 보험료, 수리비, 유지비, 감가상각비도 상대가 되지 않을 정도로 적다.

차체를 개조한 화물 자전거(Babboe City Cargo bike)❶

화물 자전거는 평지가 많은 유럽에서나 가능하다는 반론이 있을 수 있다. 하지만 오르막길을 오를 때 잠깐 사용할 수 있는 전동 모터나 소형 엔진을 부착하는 대안을 고려해 볼 수 있다. 베를린에서 독일교통연구소가 실시한 연구 조사에 따르면 전동 모터를 보조 장치로 부착할 경우 화물 자전거는 화물 자동차 운행의 85%까지 대체할 수 있다. 사실 도시 화물 수송은 매우 비효율적이다. 대부분 승합차와 트럭, 개인 자동차, 오토바이가 담당하는데, 교통 체증 때문에 차량 배달은 속도가 늦다. 유럽 화물자전거협회에 의하면 도시 배달 화물의 평균 하중은 100kg 미만, 부피는 1㎥ 수준이다. 이 정도 화물은 화물 자전거로도 충분하다. 화물 자전거는 최대 180kg의 화물을 나를 수 있다. 전동 모터를 장착할 경우 화물 용량을 더 늘릴 수 있다. 세발자전거나 네발자전거는 더 많은 화물 용량과 더 큰 부피의 화물을 배달할 수 있다. 아직 국내에서는 유럽에서 보급되고 있는 화물 자전거를 구하기도 어렵고 구입 비용도 높다. 직접 만든다고 해도 자전거 차체를 변형해야 하기 때문에 어려움이 따른다.

자전거 수레 Bike Trailer

화물 자전거처럼 자전거 차체를 완전히 개조하지 않아도 대안은 있다. 예전엔 일반 자전거 짐받이 뒤에 리어카rear cart라 부르던 손수레를 매달아 상당한 화물을 실어 날랐다. 일종의 자전거 수레bike cart, bike trailer였고 필요에 따라 수레를 탈부착할 수도 있었다.

유럽 자전거 시장에서 자전거 수레는 굵직한 제품 카테고리를 차지하고 있다. 하지만 수레를 따로 만들 필요는 없다. 자전거에 매달 작은 수레나 카트류는 주변에서 쉽게 구할 수 있다. 대형 마트의 쇼핑 카트, 여행용 카트, 화물 카트도 그중 하나이다. 일반 자전거에 이러한 크고 작은 수레나 카트를 바이크 히치bike hitch라고 부르는 연결 장치로 매달면 자전거 수레를 대용할 수 있다.

❶ babboecargobike.com

자전거에 부착한 짐수레(Bike Trailer)❷

바이크 히치 만들기

바이크 히치가 없던 예전엔 바퀴의 고무 튜브나 폐타이어 밧줄로 손수레를 자전거 짐받이에 매달았다. 바이크 히치는 노면 상태에 따른 수레의 상하좌우 움직임과 흔들림, 회전을 적절히 제어하면서 수용할 수 있는 회전축과 탄성을 갖고 있어야 한다. 자전거 운전에 충격을 줄 정도로 앞뒤로 움직여서는 안 된다. 이미 개발된 다양한 자전거 수레용 연결 부속들이 판매되고 있지만 바이크 히치 정도는 우리가 직접 만들어 보면 어떨까. 물론 직접 만들어 보지 않아도 좋다. 과거에는 제작이 원재료를 만드는 데서부터 시작했다면 현대적 제작의 특징은 '조립'과 '연결'이다. 현대인들은 직접 자신의 손으로 부품을 조립하거나 기성품을 연결해서 다양한 도구를 만들어 낼 수 있다. 다른 용도의 부품들을 조립하거나 개조하면 누구나 바이크 히치를 만들 수 있다.

아프리카에서 폐자전거로 새 자전거를 만들거나 화물 자전거를 만드는 사회적 기업 리사이클Re-Cycle이 제시한 방법이다. 특징은 폐자전거 차체와 부속들을 철저히 이용해서 자전거용 수레를 만들고 자전거에 연결한다는 점이다. 자전거 앞바퀴 축을 지지하는 고정대fork 두 개를 수레의 바퀴 지지대로 재활용한다. 수레 하부 틀은 날 일(日) 자 형태로 만든다. 길이는 앞바퀴 축 고정대의 갈리진 앞부분의 두 배이고, 폭은 40~90cm 정도로 만든다. 자전거 안장 밑에서 지지하는 삼각 틀의 일부를 'ㄱ' 자 형태로 잘라 수레를 자전거에 연결하는 연결 팔을 만든다. 이 연결 팔 끝에는 자전거 핸들 고정대를 부착하고 휠 수 있는 유연 파이프를 끼워서 자전거 뒤축에 고정한다. 유연 파이프는 자전거 차체에서 잘라 낸 두 개의 짧은 강관 안에 스프링 강선을 끼워 넣어 만들 수 있다. 스프링 강선은 빠지지 않도록 별도의 강선으로 잡아당겨 고정한다. 유연 파이프 한쪽은 와셔와 볼트로 강선을 고정하고, 다른 쪽은 납작하게 눌러 구멍을 뚫는다. 이 구멍을 자전거 뒤축에 끼운다.

❷ cargobikesystem.com

폐자전거 재활용 자전거 수레와 연결 장치 제작 방법

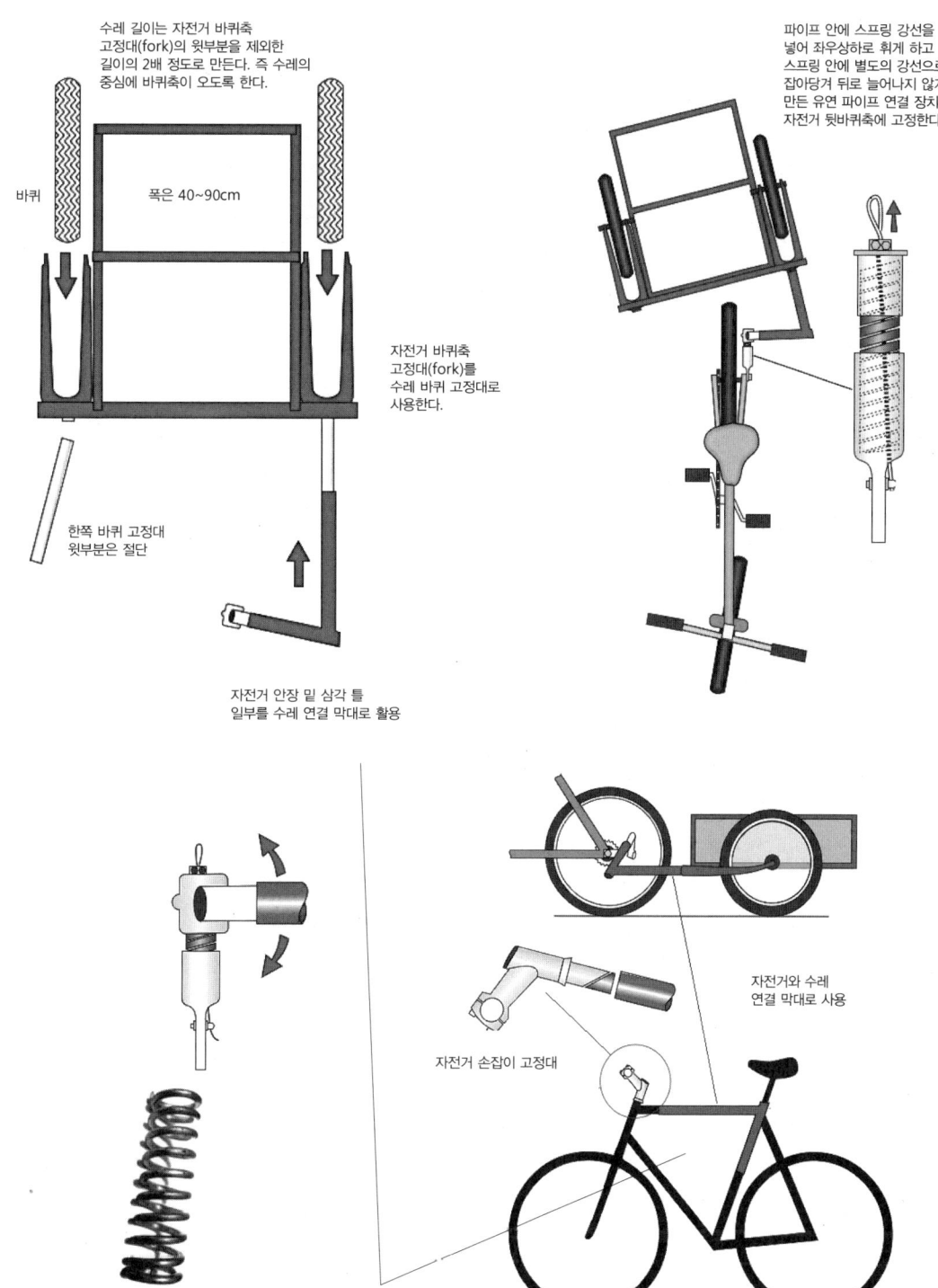

폐자전거 부품을 활용한 자전거 수레 제작과 연결 방법 ❹

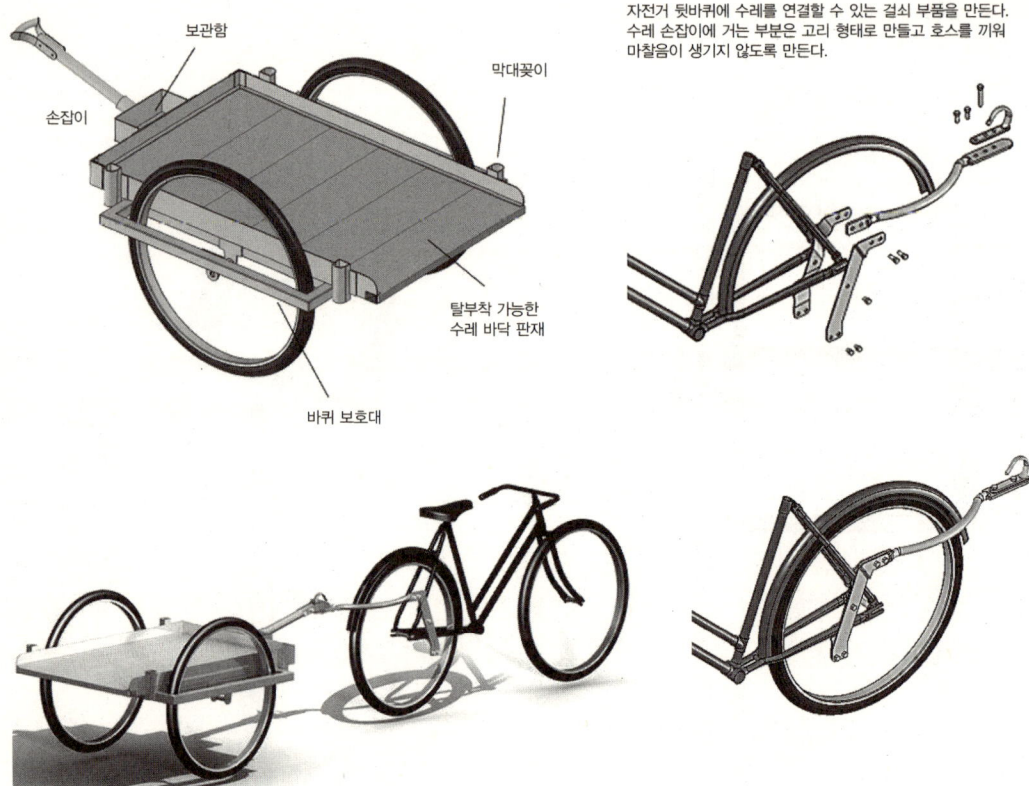

자전거와 수레를 연결하는 고리형 바이크 히치❸

월드 바이시클 릴리프World Bicycle Relief가 소개한 자전거와 수레를 연결하는 간단한 방법은 두 개의 고리를 수직으로 엇갈려 연결한 형태다. 우선 위 그림처럼 자전거 뒷바퀴 축을 고정하고 있는 두 개의 지지대에 고리가 달린 연결 팔Hitch Arm을 부착한다. 고리 모양의 손수레 손잡이에 연결 팔의 걸쇠 고리를 엇갈려 걸기만 하면 자전거 수레가 완성된다.

오직 여가를 위해 자전거 타기의 '신체성'이 중요한 것은 아니다. 조금 힘들지 모르겠지만 화물 자전거로 도시 화물을 운송하며 몸으로 자전거의 다양한 가치를 알아 갈 수도 있다. 깨달음의 신체성이라 할까. 그것이 무엇이든 몸으로 체험하게 되면 머리로만 알던 때보다 강렬한 확신을 갖게 된다. 지금 당장은 화물 자전거를 직접 만들지 못하더라도 작은 부품인 바이크 히치를 자신의 손으로 만들어 보자. 그러다 보면 만들고 창조하는 일의 신체성에 중독될 것이다. 우리의 몸은 언제나 만들고 창조하기를 바라고 있다. 단언컨대, 만드는 일은 즐거운 여가가 될 수 있다.

❸ World Bicycle Relief.org
❹ re-cycle.com

× 특집 자전거

드럼통 재활용 화물 자전거 만들기

김성원 파주타이포그라피학교 coffeetalk@naver.com
'흙부대생활기술네트워크' 관리자. 전남 장흥으로 귀촌해 자급자족을 위한 생활기술과 적정기술을 연구하며 《근질거리는 나의 손》, 《이웃과 함께 짓는 흙부대 집》, 《점화본능을 일깨우는 화덕의 귀환》, 《화목난로의 시대》를 썼다.

화물 자전거를 만들어 보자. 하지만 크랭크, 페달, 체인, 기어, 핸들, 휠, 안장, 브레이크 등 수십 가지가 넘는 크고 작은 부품들을 직접 만들 수는 없는 노릇이다. 물론 해결 방법은 있다. 버려진 자전거를 재활용하면 자전거 프레임에서부터 크고 작은 모든 부품들을 사용할 수 있다. 하지만 남은 문제가 있다. 화물 자전거는 대부분 일반 자전거 프레임을 연장하거나 변형해야 한다. 용접을 제대로 할 수 없다면 화물 자전거를 만들 엄두를 내지 못할 것이다. 이럴 때 핀란드 알토대학Aalto University 예술건축디자인학교에서 진행한 보통 사람들의 실용 자전거 프로젝트People's Utility Bicycle Project는 좋은 대안이 될 수 있

드럼통과 폐자전거를 재활용해서 만든 화물 자전거.❶

❶ 페이스북 페이지
ThePeoplesUtilityBicycleProject

다. 버려진 자전거와 드럼통을 재활용하고, 용접 없이 화물 자전거를 만드는 방법을 소개하고 있다. 이 프로젝트는 울라 제로Uula Jero와 시모 푠티라Simo Puintila가 주도했다.

공구와 재료의 준비

드럼통 화물 자전거를 만들기 위해서 우선 두 대의 폐자전거, 자전거에서 분리한 부품들, 크기가 다른 철 각관, 드럼통, 연결봉을 준비해야 한다. 용접 대신 부품들을 결합시키기 위해 몇 가지 종류의 볼트도 필요하다. 우선 볼트의 규격을 이해할 필요가 있다. 예를 들어 M10 80mm 볼트는 직경이 10mm이고 길이가 80mm인 볼트를 말한다. U 35mm 볼트는 'U' 자 형태로 구부러진 볼트이며 굽어진 내경이 35mm이다. 즉, 35mm 직경인 부재를 고정할 수 있다. 로즈 조인트rose joint는 각도 변형이 가능하면서 일정한 거리를 유지하며 두 지점을 연결할 수 있는 부품이다. 여기에 사용되는 로즈 조인트는 M10, 즉 직경이 10mm인 볼트에 맞는다. 클램프clamp는 물건을 조여서 고정할 때 사용하는 일종의 조임쇠이다. 자동차 연결 막대는 길고 가늘며 강한 힘으로 휠 수 있는 부품이다. 자동차용 부품이 없을 경우 직경 15mm인 휠

필요 공구와 주요 부품

기타 부품

M10 80mm 볼트 1개
M9 70mm 볼트 8개
U 볼트 35mm 1개
M5 30mm 볼트 8개
다양한 나이론 잠금 너트
다양한 크기의 와셔
자동차 연결 막대 2개
(조향 연결용)

※ 버려진 자전거 2대

수 있는 파이프로 대체 가능하다. 또 핸들 축으로 사용할 직경 2.5cm 원형 파이프 1m가 필요하다. 공구는 망치, 전동 드라이버, 줄자, 직각자와 기타 다양한 조임 공구가 필요하다. 여기서 사용하는 드릴 비트drill bit는 금속에 구멍을 뚫을 때 사용하는 드릴 날로 직경을 기준으로 구분한다. 4mm 드릴 비트는 직경이 4mm인 구멍을 뚫을 수 있다. 펀치punch는 일종의 금속용 송곳으로 철제에 드릴 비트로 구멍을 뚫기 전 구멍 자리를 표시하고 드릴 비트 끝이 회전력에 의해 빗나가지 않도록 자리를 잡아 주는 역할을 한다. 펀치는 구멍을 뚫을 자재에 대고 망치로 쳐서 표시한다. 반원형 줄(줄칼)과 사포는 철제 표면 또는 자른 자리를 매끄럽게 다듬을 때 사용한다.

자전거 하부 프레임에 각관 연결하기

이제 준비된 자전거 두 대 중 한 대에서 바퀴와 핸들을 분리한다. 절단면이 2.5×50mm인 각관을 페달 축 구멍과 앞바퀴 포크fork에 부착한다. 포크는 자전거 바퀴를 잡아 주는 구조가 식사용 포크와 닮아서 붙은 이름이다. 각관의 한 끝을 약 100mm 정도 살짝 구부린 후 각관 끝단 중앙에 10mm 구멍을 드릴로 뚫는다. 이 구멍에 M10 볼트와 너트, 와셔washer, 자전거 받침에서 떼어 낸 클램프 부품을 이용해서 페달의 크랭크crank❷ 축 구멍 자리를 감싸듯 덧대어 고정한다. 핸들 축 구멍과 연결된 앞바퀴 포크와 각관 하부 프레임 연결은 약간 복잡하다. 우선 포크와 각관을 고정한다. 이 상태에서 양쪽 포크의 축 자리와 각관을 긴 볼트로 끼워 고정할 자리를 각관 측면에 정확하게 표시한다. 핸들 축 구멍에 핸들 축으로 사용할 원형 파이프(조향 파이프)를 끼워 각관까지 닿게 한 후 원형 파이프를 끼울 구멍 자리를 각관 상부에 정확히 표시한다. 각관에 표시한 자리는 드릴로 구멍을 뚫는다. 조향 파이프가 통과할 이 구멍을 크게 뚫고 반원형 줄로 다듬어 부드럽게 만든다. 포크와 각관을 연결할 때는 긴 볼트를 사용하고 여러 개의 너트와 와셔를 이용해서 각관과 포크 양 끝이 바로 닿지 않도록 여유를 준다.

드럼통 부착과 앞바퀴 포크 결합

드럼통에 남은 잔여물을 깨끗이 따라 내고 물로 씻어 낸다. 가연성 물질이 남아 있을 경우 그라인더grinder로 드럼통을 자르다가 폭발이 일어날 수 있기 때문이다. 전동 그라인더나 철제용 날을 끼운 직소기로 드럼통을 긴 방향으로 절반으로 자른다. 25×25mm 작은 각관을 드럼통 절단면에 맞춰 잘라 사각 틀을 만들고 드럼통 안쪽에 끼운다. 이때 각관의 끝 모서리 부분은 드럼통 곡선에 맞춰 둥글게 갈아 낸다. 드럼통과 각관은 나사못으로 고정한다. 이때 나사못은 밖에서 안으로 돌려 넣고 튀어나온 부분은 그라인더로 갈아 없앤다. 하부 각관 프레임 위에 드럼통을 얹어 고정하기 위해서는 핸들 부분의 포크와 핸들 축 조향 파이프가 통과할 수 있도록 드럼통 바닥에 구멍을 뚫어야 한다. 구멍을 뚫을 때는 조향 파이프 직경에 맞는 금속용 홀쏘hole saw를 사용한

❷ 한 끝은 앞 기어와 직결되고 다른 한 끝은 페달에 붙어 지렛대 작용을 하는 자전거 부품. 왕복 운동을 회전 운동으로 바꾸거나 그 반대의 일을 하는 기계 장치.

굵은 각관을 이용한 자전거 하부 프레임 연결

앞바퀴 포크를 각관 하부 프레임에 고정한다.

각관으로 드럼 화물칸을 받칠 하부 프레임을 연장한다.

각관 끝 10cm를 구부린다.

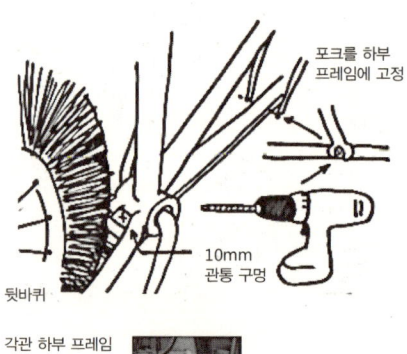
포크를 하부 프레임에 고정

뒷바퀴

10mm 관통 구멍

각관 하부 프레임

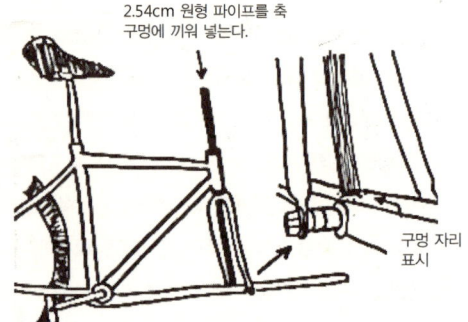
2.54cm 원형 파이프를 축 구멍에 끼워 넣는다.

구멍 자리 표시

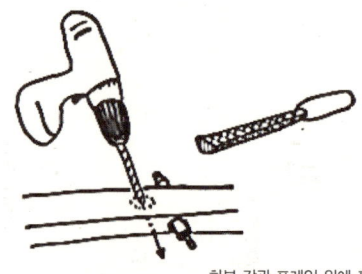
하부 각관 프레임 위에 표시한 곳에 드릴로 26mm 직경의 구멍을 뚫고 반원 줄로 갈아낸다. 이 구멍에 파이프를 끼운다.

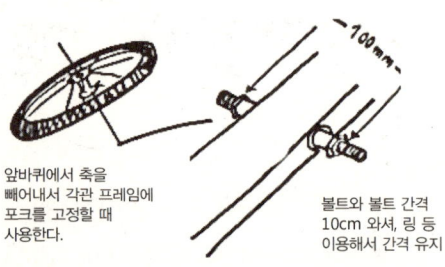
앞바퀴에서 축을 빼어내서 각관 프레임에 포크를 고정할 때 사용한다.

볼트와 볼트 간격 10cm 와셔, 링 등 이용해서 간격 유지

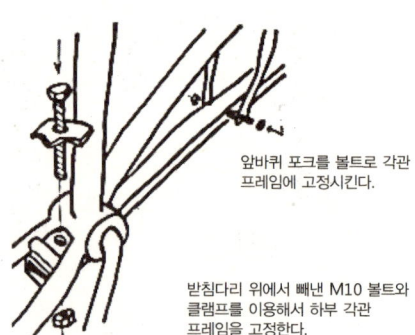
앞바퀴 포크를 볼트로 각관 프레임에 고정시킨다.

받침다리 위에서 빼낸 M10 볼트와 클램프를 이용해서 하부 각관 프레임을 고정한다.

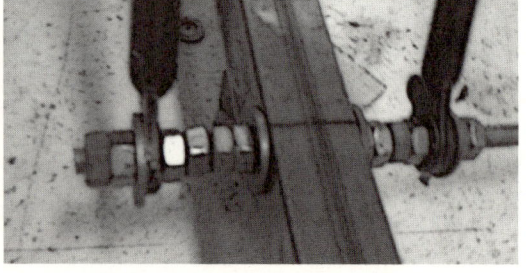

드럼통 화물칸 프레임 제작과 부착

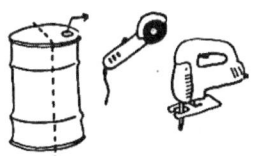

인화성 기름이나 내용물을 따라 내고 물로 깨끗이 세척한 후 그라인더나 직소기로 드럼통을 반으로 가른다.

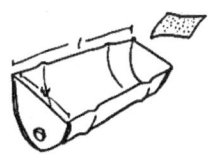

자른 면은 사포로 부드럽게 만든다.

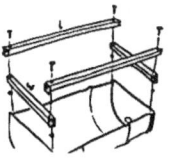

모서리는 줄로 부드럽게 갈아 낸다.

작은 각관으로 드럼통 상부 틀을 만들어 드럼통에 고정한다. 8mm 구멍

50mm 정도 남기고 윗 프레임을 잘라 낸다.

밑 프레임은 최대한 페달 축 가까이 잘라 낸다.

V 브라켓이 장착된 앞바퀴 포크를 고른다.

잘라 낸 끝부분을 두들겨 반반하게 만든다.

80mm 길이를 남겨 두고 40도 각도로 구부린다.

구멍을 뚫는다.

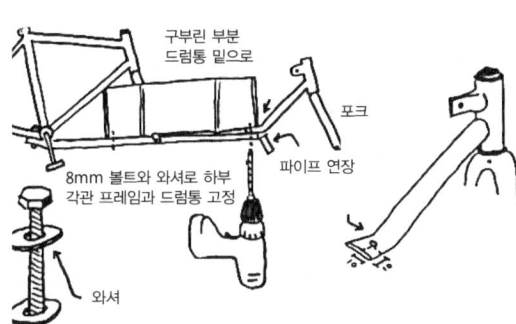

구부린 부분 드럼통 밑으로
포크
파이프 연장
8mm 볼트와 와셔로 하부 각관 프레임과 드럼통 고정
와셔

앞바퀴 핸들 축 튀어나온 부분에서 드럼통 양쪽 끝 모서리까지 대각선으로 파이프로 고정대를 부착한다. 파이프 끝은 납작하게 만들고 8mm 구멍을 뚫고 볼트로 고정.

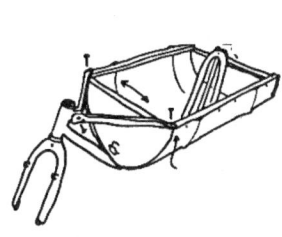

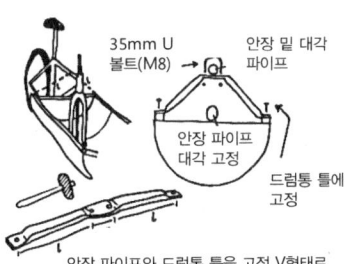

35mm U 볼트(M8)
안장 밑 대각 파이프
안장 파이프 대각 고정
드럼통 틀에 고정

안장 파이프와 드럼통 틀을 고정 V형태로 구부려서 고정한다.

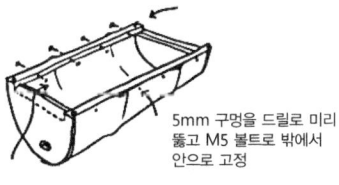

각관 틀을 드럼통 안에 끼우고 볼트로 고정

5mm 구멍을 드릴로 미리 뚫고 M5 볼트로 밖에서 안으로 고정

튀어나온 볼트 끝은 부분은 잘라 낸다.

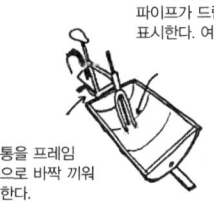

포크와 핸들 축 구멍에 끼운 원형 파이프가 드럼통 바닥에 닿는 자리를 표시한다. 여기에 구멍을 뚫는다.

드럼통을 프레임 안쪽으로 바짝 끼워 고정한다.

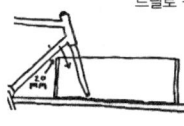

드럼통 바닥에 원형컵 드릴로 구멍을 뚫는다.

드럼통과 프레임은 최소 20mm 간격을 띄운다.

다. 이때 드럼통은 뒤쪽 프레임 방향으로 바짝 밀어 넣은 상태여야 한다. 드럼통 바닥에 뚫은 구멍에 포크 끝부분과 핸들 축 조향 파이프를 끼운 후, 포크는 드럼통 각관 측면에 긴 볼트로 고정하고, 핸들 축 파이프는 각관을 통과하도록 해야 한다. 굵은 각관으로 만든 하부 프레임과 드럼통 바닥 역시 드릴로 중간중간 구멍을 뚫어 볼트와 와셔, 너트로 고정한다.

다음은 앞바퀴 포그에 하부 각관 프레임과 드럼통을 고정할 차례다. 자전거 두 대 중 한 대는 이미 앞 공정에서 사용했다. 나머지 자전거 한 대에서 앞바퀴 포크와 핸들이 있는 프레임을 잘라 사용해야 한다. 이때 바퀴와 핸들은 일단 빼내야 한다. 바퀴는 나중에 다시 조립하고 핸들은 부품으로 활용할 수 있다. 포크 위쪽 프레임은 짧게 잘라 내고 끝을 두들겨 측면으로 납작하게 만들고 중앙에 구멍을 뚫어 둔다. 포크 아래쪽 프레임은 길게 잘라 내고 끝을 80mm 정도 남겨 두고 편편하게 두드린 후 40° 정도 구부려 놓는다. 이 구부린 부분은 드럼통과 하부의 굵은 각관 프레임 사이에 끼워 넣고 구멍을 뚫어 볼트, 와셔, 너트로 고정한다. 드럼통 길이를 초과한 굵은 각관 하부 프레임은 남은 부분을 위 또는 아래로 구부리거나 잘라 낸다.

이제 드럼통은 굵은 각관으로 된 하부 프레임과 앞뒤 자전거 프레임에 고정된 상태이다. 완벽하게 고정되지 않아 좌우로 흔들릴 수 있다. 이를 보강하기 위해 앞바퀴 포크 위쪽에 짧게 잘라 낸 프레임에서부터 드럼통 앞쪽 양 모서리까지 대각의 길이에 맞게 두 개의 파이프를 잘라 준비한다. 파이프 양쪽 끝을 두들겨 납작하게 만들고 나사못이나 볼트를 끼울 구멍을 미리 뚫는다. 이때 파이프 양끝을 납작하게 만드는 방향은 서로 달라야 한다. 이렇게 만든 대각 파이프를 앞바퀴 포크 위쪽 프레임과 드럼통 화물칸 앞쪽 상단의 각관 틀에 고정하여 흔들리지 않게 만든다. 드럼통 화물칸 뒤쪽은 안장과 핸들 축을 연결한 위쪽 프레임에 연결 파이프를 'ㅅ' 형태로 걸쳐서 고정한다. 이때 연결 파이프는 앞쪽과 같이 두 개로 만들지 않고 길게 하나로 만든다. 연결 파이프의 양 끝단과 중앙은 납작하게 두들기고 중앙에 구멍을 뚫어 나사못으로 고정한다. 이제 앞바퀴와 중간의 드럼통 화물칸, 핸들 부분, 뒷바퀴가 하나로 연결되었다.

조향 장치 연결하기

조향 장치는 방향을 바꾸는 장치다. 대부분의 화물 자전거는 핸들 부분과 앞바퀴가 떨어져 있어 원격으로 조작이 연동될 수 있어야 한다. 이 드럼통 재활용 화물 자전거처럼 앞에 화물칸이 있는 경우 앞바퀴와 핸들이 떨어지게 되는 것이다. 원격으로 핸들과 앞바퀴 조작을 연동시키기 위한 연결 방법은 이 화물 자전거의 핵심이라 할 수 있다. 우선 미리 핸들 축 구멍에서 빼낸 핸들 연결부와 클램프 및 베어링bearing, 고정 부품들을 분리해 낸다. 다음에는 핸들 축 조향 파이프에 미리 핸들에서 분리한 부품을 이용해서 간격 유지 파이프, 콘, 베어링, 베어링 컵, 핸들 고정부를 끼운다. 이때 간격 유지 파이프는 한

45 조향 장치 연결 세부 사항

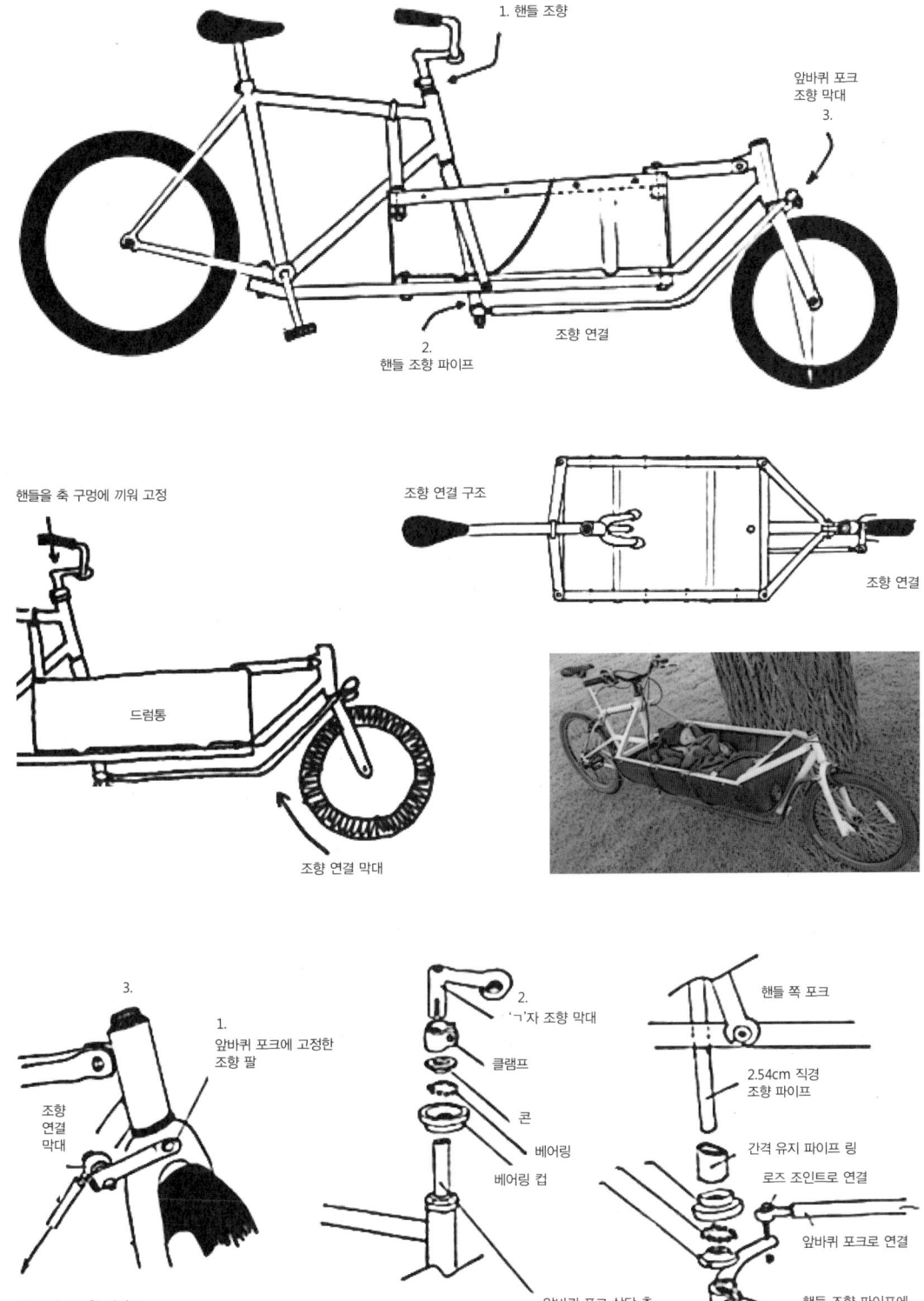

쪽 끝을 하부 각관과 닿는 각도를 고려해 사선으로 비스듬히 잘라 낸다. 핸들 고정부에 대한 설명이 필요할 듯하다. 일반적인 자전거는 핸들 축 상단이 'ㄱ' 자 형태로 꺾여 있고 끝에 수평의 핸들 바를 끼울 수 있는 고리가 달려 있다. 이 핸들 연결부를 조향 파이프(핸들 축 파이프) 맨 밑에 끼워서 조향 막대로 재활용한다. 이 핸들 고정부 끝부분에 구멍을 뚫고 여기에 로즈 조인트를 부착한다. 로즈 조인트는 다시 긴 조향 연결봉과 연결하고 다시 앞바퀴 포크의 조향 막대와 연결한다. 앞바퀴 포크 중앙에 수평하게 한쪽으로 짧은 조향 막대(조향 팔)를 부착하고, 여기에도 로즈 조인트를 이용해서 조향 연결 파이프와 연결한다. 이때 앞쪽 핸들의 조작과 앞바퀴 조작 방향이 원활하게 연동되는지 확인한다. 좌우로 조작되는 각도가 일반 자전거와 비교해 적당한지 검토하며 길이와 방향 등을 조절한다. 조향 연결 파이프는 자동차 부품을 재활용하거나 휠 수 있는 강관이나 파이프로 대체할 수 있다.

조향 장치 연결 세부 사항
조향 장치의 세부 연결 부분을 다시 자세히 살펴보자. 핸들 축 구멍에서 드럼통, 하부 굵은 각관을 통과한 조향 파이프(핸들 축 파이프)에 30mm 간격을 유지할 수 있는 파이프 링을 잘라 끼우고 그 다음 핸들에서 빼낸 베어링 부품들을 끼운다. 마지막으로 핸들 상부에서 떼어 낸 핸들 고정부를 끼워 조향 막대로 활용한다. 핸들 연결부 한 끝에 3mm 틈을 내고 클램프를 끼운 후 잘라서 조향 파이프(핸들 축 파이프)에 끼워 고정한다. 앞쪽 바퀴 포크 상단 중앙에 100mm 길이로 조향 막대(조향 팔)를 만들어 부착한다. 이때 조향 막대 양끝은 서로 방향이 다르게 끝 단을 두들겨 납작하게 만든 후 8mm 구멍을 뚫어 둔다. 이렇게 만든 앞쪽 조향 막대와 핸들부 밑의 조향 막대를 로즈 조인트와 조향 연결봉으로 연결한다. 조향 연결봉은 15mm 직경의 파이프를 사용하거나 폐차장에서 구해 온 자동차 연결봉을 재활용한다.

이제 기본적인 프레임과 부품 연결은 끝났다. 참고로 각 부품들을 조립하기 전에 프레임과 드럼통 화물칸의 절단면이나 거친 부분을 사포로 부드럽게 다듬고 스프레이 페인트로 깔끔하게 도색을 한다. 조립과 도색이 끝났다면 앞바퀴 포크에서 빼 두었던 바퀴를 다시 끼워 넣는다. 페달 구멍에도 크랭크 축과 크랭크, 페달, 기어 세트를 조립한다. 뒷바퀴에 변속 기어 세트와 속도 조절 레버 등 부품이 있다면 역시 조립한다. 이제 체인을 걸어도 좋다. 빼 두었던 핸들도 핸들 축 조향 파이프 상단에 다시 끼워 고정한다. 앞바퀴나 뒷바퀴 브레이크도 일반 자전거처럼 부착한다. 브레이크 연결선을 브레이크 조작 레버와 연결한 후 핸들에 끼워 부착한다. 만약 전면에 랜턴이나 조명등을 설치하고자 한다면 적당한 거치대를 부착한다. 핸들에 자전거 벨이나 자전거용 경적도 부착한다. 이런 부품들은 대부분 버려진 자전거의 부품을 떼어 재활용할 수 있다. 드럼통 화물칸 바닥에 쿠션을 깔고 누군가를 태워도 좋고 짐을 싣고

핸들 포크와 드럼통 고정, 앞바퀴 포크와 핸들 포크 조향 연결 ❸

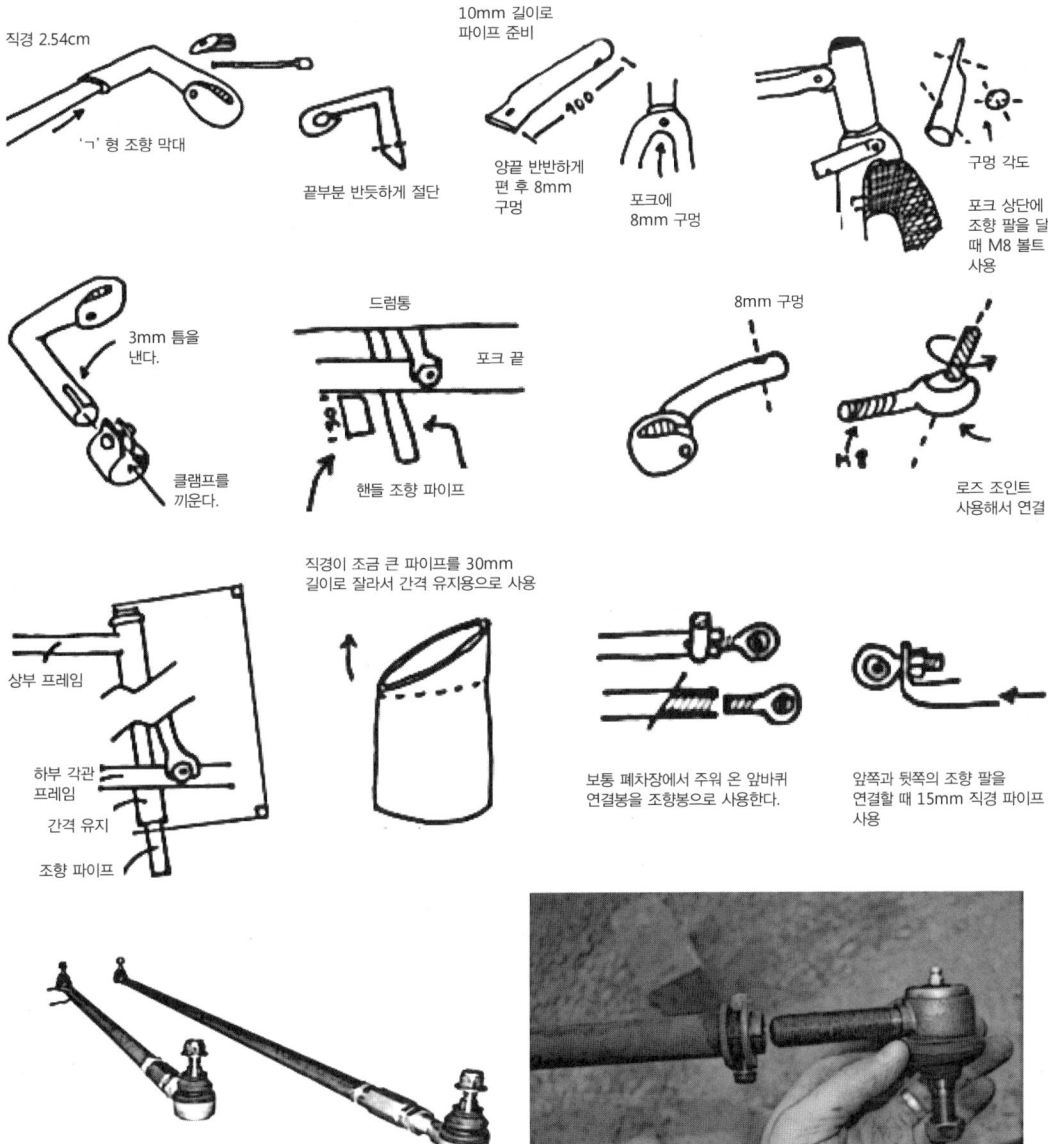

거리로 나가도 좋다. 만약 용접을 할 수 있다면 제작 공정은 훨씬 단순해질 수 있다. 용접을 할 때 매캐한 냄새와 불꽃이 싫을 수 있지만, 이 화물 자전거는 미세 먼지를 내뿜지 않을 것이다.

❸ 사진 출처 :
www.landroverblogger.com/track-rod-end-replacement-how-to

※ 본문 이미지 출처
원 저자 : Uula Jero
issuu.com/boyamakasi/docs/barrel_bike

× 특집 자전거

다시 만들기와 공동체 작업장
'아주 멋진 고물 자전거 대변신 워크숍'
현장 참여 관찰[1]

장훈교 서울혁신센터 사회혁신리서치랩 선임연구원 ganndalf@naver.com
서울혁신센터 사회혁신리서치랩에서 선임연구원으로 일하고 있다. 동료들과 '모든 이의 민주주의 연구소'라는 작은 연구소도 함께 운영하고 있다. 피아노를 치는 아내의 옆모습을 보는 걸 좋아한다. 낮에는 일하고 밤에는 책을 읽고 글을 쓴다. 하지만 작업장과 서재가 연결된 삶을 꿈꾼다.

적정기술과 지역의 결합을 탐구해 온 '송악에너지공방협동조합', '흙부대생활기술네트워크' 그리고 '난로병원' 등이 함께 2016년 9월 4일부터 9월 6일까지 3일간, 아산역 주차장 한쪽에서 '아주 멋진 고물 자전거 대변신 워크숍'을 열었다. 버려진 자전거를 활용해 일상생활에 필요한 자전거를 시민들이 직접 제작하는 워크숍이었다. 송악에너지공방협동조합은 폐기물과 자연 에너지를 활용해 대체 에너지를 생산하는 방법을 찾고 있는 단체이다. 흙부대생활기술네트워크는 생태 건축과 적정기술의 연결을, 난로병원은 에너지 지역 자립을 위한 실용 가능한 적정기술을 고민하고 있는 단체이다. 이번 워크숍에는 이들 단체에서 활동하고 있는 회원뿐만이 아니라 전국 각지에서 자전거 제작에 관심이 있는 30여 명이 참여했다. 나는 지역적정기술운동과 자전거 제작 워크숍의 형태로 만나는 이번 기획이 현재 한국에서 다양한 형태로 확산되고 있는 다시 만들기와 공동체 작업장의 연결 모형을 보여 준다고 판단했다. 또한 이 모형이 도시가 직면하고 있는 위기와 도전에 대한 대안 실험의 속성 또한 보유한다고 보았다. 나는 워크숍 전 기간 동안 자전거를 직접 만들면서 현장을 기록하고 동료 참가자를 관찰하였다. 또한 이번 참여 관찰 보고서에는 동료 참가자들에 대한 공식 면담뿐만 아니라, 현장에서 만난 이들과의 비공식적인 대화 또한 일부 반영되어 있음을 밝힌다.

작업장에 들어가며

2015년 국가자전거교통정책지원사업의 일환으로 이루어진 자전거 이용 실

[1] 이 글은 서울혁신센터 사회혁신리서치랩이 발행하는 《현장의 사회혁신》 1호(2016년 9월 27일 발간) 보고서에 동일한 제목으로 게재된 바 있다. 그러나 수정 보완을 통해 글의 일부를 변경하였다. 비록 부족한 현장참여조사보고서이지만, 현장과 연구를 연결한다는 사회혁신리서치랩의 창립 정신과 모든 연구는 시민의 자산으로 되돌린다는 사회혁신리서치랩의 결정에 따라 연대와 우정의 마음을 담아 이 글을 공유한다.

작업장 한쪽 담장에 현수막이 붙어 있다. 그 아래엔, 버려진 자전거들이 놓여 있다. 자동차의 공간인 주차장이 버려진 자전거들의 장소로 쓰인다는 점이 흥미롭다.

태 조사에 의하면, 우리나라 자전거 대수는 약 1,022만 대로 추정된다. 또한 전국 전체 가구의 34.7%가 자전거를 소유하고 있고, 서울은 전국 평균보다 많은 37.2%의 가구가 자전거를 소유한 것으로 추정된다고 밝혔다. 34.7%란 보급률은 독일(87.3%)과 네덜란드(98.3%) 등 유럽 주요 국가와 비교하면 매우 낮은 수치이다. 일본의 67.8%에도 많이 못 미친다. 그럼에도 34.7%란 보급률과 1,022만 대란 자전거 대수는 국내 자전거 이용이 최근 급격히 확산되고 있음을 보여 준다. 2010년도 전국 자전거 대수가 약 620만 대였다는 점을 감안하면 5년 만에 약 64%가 늘어난 것이다.

자전거 이용이 이와 같이 급속도로 확산될 수 있었던 이유는 무엇일까? 체계적인 추적 조사가 필요하겠지만, 그 배후에 ① 운동 수단으로 자전거를 재발견한 시민 사회 ② 도시 문제 해결을 위한 대안 교통수단으로 자전거를 재발견한 도시 정부가 존재한다는 점은 분명하다. 자전거를 운동 수단으로 활용하는 이들이 이전에 존재하지 않았던 것은 아니다. 하지만 2000년대를 경유하면서 자전거는 일부 집단의 여가 활동이나 취미 수준을 넘어, 시민의 보편적 운동 수단의 하나로 부상했다. 2010년대를 경유하면서는 도시 정부의 적극적인 자전거 정책이 결합했다. 자동차 기반 도시 교통 체계가 발생시키는 다양한 도시 문제와 온실가스 배출로 인한 기후 변화 위기가 본격화되자 자전거를 도로 교통 체계에 통합하기 위한 다양한 노력을 전개하고 있다. 도시 위기, 환경 위기, 운동 위기라는 3중 위기에 대한 가장 합리적인 해결책으로 자전거를 제안하고, 자전거를 대안 교통수단으로 생활화하기 위해 공격적인 공공 자전거 정책을 펼치고 있는 서울시는 그 대표적인 예라고 할 수 있을지 모른다. 그럼에도 다수의 서울 시민에게 자전거는 교통수단이라기보단 운동 수단이다. 자전거 교통수단 분담률은 전국적으로 2%를 조금 넘는다.

그런데 '아주 멋진 고물 자전거 대변신 워크숍'은 자전거를 운동 수단으로 바라보는 시민 사회의 관점이나 이동 수단으로 바라보는 도시 정부의 관점과는 두 가지 면에서 다른 각도로 접근했다. 하나는 일상생활 수단의 관점에서 자전거에 접근했다는 점이다. 물론 '운동'이나 '이동' 또한 일상생활을 구성하는 중요한 활동이다. 그러나 이번 워크숍은 일상생활의 '필요'라는 관점에서 운동이나 이동에 대한 필요와는 다른 자전거에 내재된 능력에 주목하고자 했다. 왜 이런 접근을 택했을까? 일상생활의 필요를 충족하는 수단으로 자전거가 활용될 때, 자전거가 우리 일상생활 안으로 한 걸음 더 들어올 수 있기 때문이다. 자전거가 들어오는 바로 그만큼에 비례하여 일상생활의 양식은 자전거를 통해 변화한다. 문제의 핵심은 잠재되어 있는 또 다른 필요를 정의하고, 그 충족 수단으로 자전거를 변형하는 일이다. 제작 워크숍은 바로 이 문제를 시민과 함께 해결하기 위한 방법을 찾는 자리였다.

핵심적인 차이는 필요 충족의 방법에 있었다. 자전거를 이동 수단으로 바라보든 운동 수단으로 바라보든 접근의 차이가 있다고 하더라도 그 충족의 방법은 대부분 동일하다. 왜냐하면 영리 기업이 생산하는 자전거를 구입해서 이용하기 때문이다. 곧 상품 소비를 통해 필요를 충족한다. 이와 달리 워크숍은 '만들기'의 전략을 택했다. 자신이 직접 자신의 필요를 충족하는 대상을 제작하는 방법을 택한 것이다. 이것만이 아니다. 워크숍은 폐자전거를 리사이클링recycling하는 방법을 통해 필요를 충족하는 방법을 고민했다. 리사이클링이란 자원을 다시 이용하는 활동 혹은 과정 일반을 가리키는 개념이다. 워크숍은 이런 의미에서 이미 버려진 자전거를 리사이클링하는 '다시 만들기remake'의 과정이었다.

'다시 만들기'가 왜 중요할까? 왜냐하면 다시 만들기가 자원 순환을 이루기 위한 핵심 기술이기 때문이다. 기후 변화와 자원 고갈은 이미 예정된 위기인 동시에 현재 진행되고 있는 도전이다. 이런 위기와 도전에 대응하기 위해서는 지역 내에 존재하는 버려진 자원을 다시 활용할 수 있는 기술을 축적하는 게 필요하다. 그러나 이 기술이 또 다른 불평등으로 전환되지 않기 위해서는, 모든 이들이 이용할 수 있는 열린 기술의 형태로 발전되어야 한다. 일부 집단과 개인에게만 열린 '닫힌 기술'은 기술에 대한 접근성의 차이에 따라 위계를 만들어 내고 기술 그 자체가 권력 불평등을 심화시킨다. 이번 워크숍이 중요한 이유가 바로 여기에 있다. 다시 만들기의 관점에서 본다면 워크숍은 버려진 자원인 폐자전거를 재이용하는 방법을 통해 지역 내에 이미 존재하는 자원을 재처리하는 기술, 열린 기술을 축적하는 워크숍이었다.

이처럼 다시 만들기의 기술이 축적될 수 있어야 현대 도시가 일상생활의 필요를 충족하는 대안의 방법으로 모색하고 있는 분산형 시스템distributed system이 가능하다. 현재 도시의 하부 구조를 구축할 때 쓰인 과거의 중앙 집중에 기반을 둔 재분배 시스템은 외부 위기와 도전에 매우 취약한 구조인 동시에 시민에게 평등보다는 불평등을 부과하는 조건을 만들어 낸다. 이 때문에 도시의 하부 구조 곧 일상생활의 기본적이고 보편적인 필요 충족 수단은 분산형 시스템을 통해 충족되어야 한다는 연구가 다양하게 진행되고 있고, 일부는 실현되고 있다. 그런데 분산형 시스템이 작동하려면 ① 지역 외부에 대한 의존은 최소화하고, ② 지역 내부의 자원 이용은 극대화해야만 한다. 이때 핵심은 질이 낮은 자원을 이용하여 일상생활의 필요를 충족시키는 대안 기술이다. 지역 간 자원 불균등으로 인해, 필요 충족에 요구되는 모든 자원이 한 지역 내에 존재하지 않거나, 존재하더라도 충분하지 않을 수 있기 때문이다. 이 경우 버려진 자원이 유일한 대안이다. 따라서 워크숍은 미래 도시를 분산형 시스템으로 전환하기 위해 필수적인 기술이 시민들의 협력과 연대를 통해 어떻게 축적될 수 있는가를 질문할 수 있는 중요한 현장이기도 했다.

작업장 안에서

송악에너지공방협동조합 이상준 대표를 만나 이번 워크숍을 기획한 이유를 물었다. 2013년 지역 주민 18명이 함께 만든 대안 에너지 적정기술 협동조합이 바로 송악에너지공방협동조합이다. 이 대표에 의하면, 처음에는 아이들을 매개로 모인 지역의 학부모 모임 수준이었다고 한다. 모임을 하면서 적정기술이란 흐름을 알게 됐고 그때부터 함께 공부를 시작했다. 그런데 공부가 진행될수록, 적정기술이란 결국 일상생활의 기술이란 생각을 하게 되었다. 그러다 '어떻게 하면 적정기술이 우리 일상생활 안으로 한 걸음 더 들어올 수 있을까?' 하는 고민으로 이어졌다.

자전거는 바로 그런 생활 기술로서의 적정기술을 모색하다 이상준 대표와 동료들이 조우한 대상이었다. 이 대표는 자전거를 책이나 자료를 통해 눈으로 연구하는 것보다 실제 제작을 통해 연구하는 것이 훨씬 더 도움이 된다는 말도 했다. 실제로 난로 등을 개발하면서 축적된 경험으로부터 나온 지식이었다. 대상을 손으로 직접 제작하는 과정에서 문제와 조우하게 되고 그 문제를 해결하기 위해 동료들과 다시 자료를 독해하고 토론하는 것이 실제 기술을 익히는 동시에 문제를 해결하는 보다 빠른 길이라는 것이다. 이번 제작 워크숍도 바로 그 과정의 반복이었다. 그러나 동일한 반복은 아니었다. 워크숍을 통해 자신들의 기술을 발전시킬 뿐만 아니라, 그동안 축적해 온 자전거에 대한 지식을 다른 이들과 함께 공유하기 위한 의도로 기획한 자리였기 때문이다.

1일 차 : 적정기술, 일단 시작하고 실패해야

아산역 하부 공간에 위치한 공영 주차장 한쪽에 워크숍 장소가 마련되어 있었다. 약속 시간인 오후 1시 이전부터, 다양한 작업들이 이미 진행되고 있었다. 참가 신청을 한 이들이 하나둘 모여들자 참가자들은 워크숍 장소 옆 건물로 이동했다. 하자센터에서 온 청소년 참가자들이 가장 눈에 띄었다. 오후 1시부터 3시까지 약 두 시간 정도 작은 강의실에서 강의가 신행되었다. 흙부대생활기술네트워크 김성원 매니저가 ① "왜 대안 생활 자전거 제작 워크숍인가?" ② "함께 만들게 될 자전거의 유형과 각 유형별 구조 및 특징은 무엇인가?"라는 두 주제로 강의를 했다. 김성원 매니저는 지역에서 적정기술운동을 펼쳐나갈 때 직면했던 고민을 이야기하며 강의를 시작했다. 적정기술운동을 일상생활 안으로 한 걸음 더 끌어들이고 싶은 마음에 '자전거'에 주목했다고도 했다. 이상준 대표의 답변과 동일한 내용이었다. 자전거 보유 천만 대 시대를 맞았지만, 대부분의 자전거가 생활 수단이라기보다는 단지 운동 수단이라고 김 매니저는 말했다. 그러나 자전거에는 운동 수단을 넘어 우리의 일상생활 전체를 변화시킬 가능성이 내재해 있다. 김 매니저는 그 힘을 불러내고 싶어 했다. 강의를 통해 워크숍 기획팀이 왜 '생활 자전거'를 우리의 일상생활을 변화시켜 나가는 자전거의 유형이라고 정의하는지 보다 더 잘 이해할 수 있었다. 또한 개인적으로는 적정기술과 지역과 일상생활이란 세 개의 핵심어를 매개로 자전거에 대한 대안적이고 새로운 접근이 한국에서 어떻게 확산되고 있는지를 직접 목격할 수 있는 순간이었다.

워크숍에서 제작할 자전거의 유형도 소개되었다. 폐자전거를 재활용해 ① 자전거 트레일러 ② 측면 짐칸 자전거sidecar bike ③ 물건을 나르는 화물 자전거cargo bike 중 전방 화물 자전거(짐칸이 앞에 있다) ④ 후방 화물 자전거(짐칸이 뒤에 있다) ⑤ 리컴번트Recumbent bike 등 다섯 가지 유형의 자전거를 만드는 과제도 주어졌다. 누워서 타는 리컴번트 자전거를 제외한다면, 이번 워크숍의 주인공은 단연코 '화물 자전거'였다. '생활 자전거'의 개념을 통해 일상생활의

김성원 매니저가 워크숍을 소개하고 있다. 워크숍에서 만들 자전거를 소개받고 기본 구조를 익혔다. 제작 과정에서 주의할 점도 배웠다.

필요와 자전거를 조우시키려는 지역적정기술운동이 발견한 자전거의 능력이 바로 물건의 이동과 자전거를 결합하는 데 있다는 점을 확인할 수 있었다. 물론 이는 단지 한국 지역적정기술운동만의 흐름은 아니다. 유럽에선 이미 공공 자전거 시스템 안으로 화물 자전거를 통합하려는 실험이 진행되고 있기 때문이다. 그러나 화물 자전거에 대한 주목은 동일하지만, 그 실현 방식은 사뭇 다르다. 굳이 비교한다면, 이들은 공공 자전거 시스템이 아니라 공동체의 자전거를 만들고 싶어 한다. 공적 자원으로서의 자전거와 공동체의 자원으로서의 자전거는 매우 다른 것이다.

이와 함께 제작을 바라보는 우리의 관점 전환에 대한 이야기도 있었다. 김성원 매니저는 완전한 기술과 완전한 제작을 꿈꾸다 보면 출발 자체가 쉽지 않다고 반복해서 강조했다. 제작 활동은 무엇보다 손으로 하는 활동이고, 따라서 손으로 대상을 탐구하는 반복적인 훈련 과정을 경유해야만 한다. 완전함은 그 긴 여정의 산물일 뿐이다. 그런데 처음부터 완전함을 추구하다 보면 두려움이 앞선다. 두려움이 앞서면 손보다는 계속 머리에 의존하게 되고 제작으로 들어갈 수 없다. 완전함을 추구하며 다른 이들이 만들어 낸 지식 세계 안에서 언제나 준비만 하기보다는, 비록 부족하더라도 일단 출발해야 한다. 그리고 실패해야 한다. 그래야 경험을 축적하고, 실패의 경험 속에서 다음 단계로 나가기 위한 구체적인 질문을 발견할 수 있다. 질문 없이 탐구도 없다. 구체적인 질문과 해결 과정을 통해, 바로 그만큼 우리의 지식 또한 발전한다. 이 과정은 우리 손의 진화 과정이기도 하다. 지식과 손은 함께 간다. 제작은 그런 것이다. 많은 고민을 던져 주는 이야기였다. 명시적 지식보단 자신의 경험으로부터, 완전함보단 실패의 누적으로부터 출발하는 적정기술의 제작에 대한 관점을 배울 수 있는 계기였다. 김 매니저가 이런 생각을 하게 된 계기도 자신의 경험이 있었기에 가능했다. 직접 지역에서 기술을 연구하고 익히다 보니 그런 생각이 들었다는 것이다. 경험은 그만큼 중요했다. 그는 자신과 다른 이의 경험에 기초해서, 오늘 참여자들 또한 당장은 기술이 불완전할 수 있지만 앞으로 3~4년이면 지금보다 훨씬 더 발전된 기술과 능력을 보유할 것이라는 전망도 덧붙였다.

강의 이후에는 참가자들이 선택한 자전거 유형별로 5개 팀을 구성했다. 각 팀은 4~6명 정도로 구성되었다. 용접을 할 수 있는 분이나 이 분야에 경험이 있는 전문가분들을 우선 배치하고 함께 작업할 초보자들이 결합하는 방식으로 팀을 구성하였다. 나는 트레일러 제작 팀에 들어가 세 명의 동료들과 함께 곧바로 제작 활동에 들어갔다. 자전거 트레일러를 선택한 이유는 예전부터 자전거 트레일러에 관심이 있던 이유도 있었지만, 다른 자전거는 매우 어려워 보였기 때문이었다. 팀원 한 분이 제작에 들어가기 전에, 각자 다룰 수 있는 도구를 말해 달라고 했다. 나를 제외한 다른 팀원은 모든 도구를 기본적인 수준에선 사용할 수 있다고 답했다. 제작 경험이 있단 이야기였다. 나는 다룰 수 있는 도구가 거의 없어 걱정됐다. 물론 이내 쓸데없는 걱정이란 걸 알게 되었

필자가 속했던 자전거 트레일러 팀의 제작 모습이다. 트레일러의 프레임을 만들고 있는 중이다. 우리 팀 구성원은 나를 제외하곤 모두 제작 경험이 있었다.

용접을 통해 프레임을 만들고 있다. 용접 기술이 왜 중요한지 바로 알 수 있었다.

다. 불편은 했지만 작업을 할 수 없는 정도는 아니었기 때문이다.

트레일러 제작 과정 몇 시간 만에 자연스럽게 기본 도구 서너 개는 어느 정도 다룰 수 있게 되었다. 도구에 대한 접근성은 매우 중요하다. 도구에 접근할 수 없으면 제작 활동 자체가 불가능하기 때문이다. 도구가 제작을 돕는 장치가 아니라 제작에 접근하는 것을 막는 장애물이 되지 않으려면, 도구에 대한 접근성이 확보되어야만 한다. 특히 제작 경험이 없는 초보자에게 이 점은 중요하다. 겁을 먹기 때문이다. 물론 접근성은 도구 자체의 내적 구조와 사용자를 연결하는 인터페이스interface의 문제이기도 하지만, 중요한 점은 워크숍이 그 장애물을 낮추는 역할과 도구를 가르치는 학교 역할을 동시에 했다는 점이다. 용접을 제외하곤 트레일러를 만드는 데 필요한 기본 공구를 바로 그 자리에서 배워서 사용하는 데 큰 문제는 없었다. 자전거 리사이클링 과정은 [절단 → 용접 → 결합]이라는 기본 과정의 반복이었다. 왜 용접 기술을 가진 분을 중심으로 팀을 구성했는지 곧바로 알 수 있었다. 트레일러의 기본 프레임은 철재를 절단하고 용접하는 과정을 통해 만들었다.

기본 프레임 외엔 주차장 옆에 모아져 있는 폐자전거 더미에서 주요 자원들을 가지고 왔다. 바퀴가 가장 중요했다. 트레일러를 자전거와 연결하는 부위도 폐자전거의 후방 프레임을 절단해서 만들었다. 기본 프레임을 구성하고 트레일러의 기본 모델을 만드는 데는 채 2시간이 걸리지 않았다. 재미있는 사실은 도움을 주셨던 선생님도 트레일러는 처음 만들어 본다고 하신 점이다. 직업이 보일러공인데 1970년대 후반에 먹고살기 위해 용접을 접한 후 일상생활에 필요한 것들 중 많은 것을 직접 만들어 쓰고 있다고 하셨다. 하지만 최근에 나온 용접 신기술은 모른다며 활짝 웃으셨다. 1970년에 배운 기술만으로도 자전거 트레일러를 만들기엔 충분했다. 이상준 대표에게 "용접 기술을 배우는 데 얼마나 걸릴까요?"라고 물었다. "이틀이면 충분하지요!"라는 답변이 돌아왔다.

이날 작업의 가장 큰 문제는 자전거와 트레일러를 연결하는 부분이었는데, 그 부분이 잘 되지 않았다. 하자센터에서 온 또 다른 선생님께 보여드리고 조언을 구했다. 참가자들은 문제가 발생하면 항상 도움을 청했고 문제에 대해 함께 고민을 했다. 그렇게 오후 6시가 되었고 작업장 청소를 끝으로 당일 작업을 종료했다.

2일 차 : 지식의 교환과 도구의 공유

아침 8시 30분부터는 예정에 없던 용접 수업이 있었다. 자전거 다시 만들기의 기본 과정은 버려진 자전거의 분해가 우선이다. 버려진 자전거를 활용하는 자전거 다시 만들기 과정은 [분해 → 결합]의 반복 과정이었다. 자전거는 매우 많은 부품으로 이루어져 있다. 그 부품들을 분해해서 원래 용도로 쓰기도 하지만 다른 용도로 쓰이기도 한다. 워크숍에서 알게 된 건 금속을 다루는 제작에서 용접 기술이 기본이라는 점이었다. 용접이 금속을 결합하는 유일한 방법은 아니지만, 용접은 대상의 제작, 수리, 보수에서 필수 기술이기 때문이다. 금속이 포함된 사물의 재활용에선 더욱 그랬다. 버려진 자원의 결합을 해체하고, 이를 다시 결합하려면 자원을 연결하는 방법이 필요하다. 용접이 바로 그 방법이었다. 버려진 자전거를 생활 자전거로 다시 만들려면 이 과정을 반복해야만 한다. 용접 기술 교육은 참가자들의 이런 필요를 충족하기 위한 교육이었다. 참가자들의 필요에 맞추어 교육과정이 유연하게 설계되는 점도 흥미로웠다.

용접 기술 교육에 참여하지 않은 참가자들은 오전 10시에 다시 작업장에 모였다. 1일 차에 보지 못했던 새로운 얼굴도 있었다. 팀별로 혹은 개인별로 어제의 과제를 이어 나갔다. 워크숍 기획 팀은 가능하면 참여자 모두가 자신의 자전거를 만들어 일상생활에서 활용하는 것이 워크숍의 목적 중 하나라고 말한 바 있었다. 그 때문인지는 모르겠지만 혼자서 자전거를 만드는 이들이 눈에 많이 띄었다. 2일 차는 특별한 강의 없이 종일 자신의 과제를 진행했다. 우

용접이 금속을 결합하는 유일한 방법은 아니지만, 용접은 대상의 제작, 수리, 보수에서 필수 기술이다.

자전거 트레일러를 좀 더 좋은 방향으로 만들 수 있는 방법은 무엇일까? 주변에 있는 모든 참가자들이 선생님이었다.

리 자전거 트레일러 팀원들도 마찬가지였다. 어제 트레일러의 기본 골격이 완성되기도 했고, 함께 만든 트레일러는 내가 가져가기로 했기 때문에 다른 팀원들도 각자의 작업을 진행했다.

내가 트레일러를 이리저리 돌리며 작업 구상을 하고 있자, 다른 참여자들이 우리 팀이 만든 트레일러를 보러 왔다. 질문도 하고 개선 방안도 제시해 주었다. 이번 제작 워크숍에서 가장 흔히 발견되는 장면의 하나는 제작 과정에서 발견된 문제나 직면한 난제를 수시로 함께 모여 토론하고 실험하고 다시 토론하는 장면이었다. 따로 시간을 내거나 프로그램을 만들어 진행하는 것이 아니라, 작업장 안에서 이동하면서 혹은 쉬면서 자연스럽게 토론을 했다. 또한 제작 기술을 현장에서 질문하고 바로 배우는 장면도 인상적이었다. 나는 제작에 필요한 도구 어느 것도 그 전에 배워 본 적이 없었다. 그러나 다른 참여자들에게 질문하고 때론 그들의 행동을 모방하는 과정을 통해 기술을 배울 수가 있었다. 나뿐만이 아니었다. 누구나, 누구에게나 질문을 하고 누구라고 할 것도 없이 아는 것이 있다면 답을 해 주었다.

동료들과의 협력을 통해 기술을 배우고 문제를 해결하는 과정이 창출된다는 점은 매우 인상적이었다. 지식의 교환과 결합이란 관점에서 본다면 단지 현장에 있던 지식들의 결합만 존재하는 것은 아니었다. 제작 과정에서 문제에 직면할 때는 준비된 자료를 참고하거나 혹은 인터넷을 검색해서 그 기술을 바로 복제하기 위해 노력했다. 물리적인 공간과 네트워크 공간을 병합하는 방식으로 지식을 결합시키는 것이다. 너무나 익숙해서 우리가 그 의미를 모를 뿐이다. 조금 떨어져서 일상생활의 기술이 습득되는 과정을 바라보면 지식이 연결되고 융합되는 과정의 역동성이 드러난다. 문서나 사진 등의 형태로 존재하는 명시적 지식과 기술을 가진 이들이 보유하고 있는 경험적 지식, 그리고 워크숍을 조직한 이들이 가지고 있는 조정 지식이 결합해 제작 워크숍이 운영되었다. 이런 지식의 교환과 결합 덕분에 나와 같이 제작 활동을 전혀 모르는

하자센터 참여자들이 같이 모여 무언가를 논의하고 있다.

모든 것은 도구의 공유로부터 출발한다.

이도 그 안에 참여할 수 있었다. 이는 제작 워크숍의 가장 중요한 특징이었다. 제작 워크숍에 내재된 지식의 교환과 결합 구조가 외부에 워크숍을 열 수 있는 개방성을 만들어 냈기 때문이다.

지식의 교환과 결합만 존재한 것은 아니다. 때로 지식은 도구와 결합되어 있었다. 도구는 모두 공유했다. 기획 팀에서 제공한 도구들도 있지만 개인적으로 도구를 가져온 참여자들도 있었다. 그런데 작업을 하다 보면 누구의 것인지 모를 정도로 자유롭게 도구를 공유했다. 도구의 공유는 당연한 것처럼 보일 수도 있다. 하지만 도구의 공유는 공동 제작 활동을 가능하게 하는 물질적 조건이란 점에서 매우 중요한 현상이다. 도구의 공유가 없다면 제작공동체 자체가 성립 불가능하기 때문이다. 그리고 제작공동체가 만들어지지 않는다면 지식의 교환과 결합이 불가능하다는 점에서 도구의 공유는 모든 것의 출발이라고 해도 지나치지 않다. 도구를 공유한다는 것은 도구와 결합되어 있는 지식을 공유한다는 것이기도 하다. 도구를 공유하기 때문에 공유 도구를 활용하는 방법과 지식 또한 공유된다. 워크숍에서 누구나 질문할 수 있다는 것은, 누구나 그 도구를 활용할 수 있다는 뜻이기도 하다. 도구를 공유하지 않는다면 질문이 나올 이유가 없다.

나는 트레일러의 바퀴를 바꾸는 작업으로 2일 차 활동을 시작했다. 어제 결합한 바퀴가 좀 큰 느낌이어서 바퀴를 좀 더 작은 것으로 바꾸고 싶었다. 이를 위해선 먼저 버려진 자전거에서 내가 원하는 크기의 바퀴를 가진 자전거 두 대를 찾아야 했다. 왜냐하면 트레일러에는 두 바퀴가 필요한데 모두 뒷바퀴만 활용할 수 있기 때문이다. 이것도 어제의 배움이다. 트레일러 프레임을 만들 때, 준거로 삼은 바퀴가 뒷바퀴여서 앞바퀴를 끼우면 간격이 너무 컸다. 자전거의 앞바퀴와 뒷바퀴는 축의 길이가 다르기 때문이다. 다른 이들이 하는 작업에 비하면 준비 작업이라고 할 수 있지만 생각보다 많은 시간이 필요했다.

앞에 물건을 실을 수 있어 전방 화물 자전거라고 불린다. 2일 차가 되자, 윤곽이 잡힌 자전거들이 나왔다.

트레일러 바퀴를 바꾸고 깃대를 세우고 작은 이름표를 다는 이 세 작업만 했는데도 주어진 8시간이 훌쩍 지났다. 온몸은 땀으로 젖었고 작업복으로 입은 옷이지만 청바지와 티도 모두 기름과 먼지 등으로 더러워졌다. 그러나 기분은 매우 좋았다. 모든 작업은 '몰입'의 경험을 선사한다. 몰입은 나의 능력을 끌어내어 한 단계 높은 과제를 수행할 때 발생하는데, 몰입의 경험이 제작 과정 자체를 하나의 행복으로 만든다.

어제와 마찬가지로 작업장을 함께 깨끗하게 치우며 일과를 마무리했다. 다음 작업을 위해서이기도 하고 공공 장소인 주차장을 빌려 활용하는 것이기에 항상 모든 작업 뒤엔 작업장을 깨끗이 치웠다.

이제 각 팀이 만드는 자전거의 윤곽이 나오기 시작했다. 원하는 대로 작동하기도 했지만, 뭔가 어색하고 문제가 보이는 것들도 있었다. 그러나 기본 프레임을 만들고 직접 시승할 때는 모두 즐거운 표정이었다. 아직 정확하게 어떤 모습으로 만드는 것인지 확인되지 않는 자전거들도 있었는데, 그 부분이 더욱 흥미로웠다. 저 자전거는 어떤 모습으로 완성될까? 제작은 언제나 완성을 기다린다.

3일 차 : 늘 다르게 실패하기 위한 워크숍

3일 차 오전엔 2일 차까지 진행하지 못했던 작업을 마무리하고 각자의 작품에 대해 함께 토론하고 개선 방향을 논의하는 시간을 가졌다. 참여자들은 함께 모여 만들어진 작품들의 개선점을 함께 찾아보고 제작의 경험을 공유했다. 특히 제작의 경험을 공유하는 장면은 매우 인상적이었다. 각 팀과 개인이 만든 작품의 제작 의도를 설명하고 그 의도를 구현하기 위해 어떻게 제작했는가를 말하는 것이었다. 물론 핵심은 제작 의도가 실패했다는 것이었다. 의도는 실제 제작 과정에서 언제나 빗나간다. 그 부분을 어떻게 해결하면 좋을지, 앞으로 어떤 기술이 더 필요할지 등에 대해 자전거를 가운데 놓고 즉석 토론이 진행되었다. 실패를 통해 배운다는 말은 제작 워크숍에선 너무나도 중요한 하나의 원칙이었다. 제작 워크숍은 어떤 의미에서 지식의 공유를 통해 늘 다르게 실패하기 위한 것인지도 모른다.

경험을 공유한 이들 중 작업을 마무리하지 못한 이들은 계속 작업을 진행했고, 나는 트레일러를 실어 주기로 한 하자센터 자전거공방 분의 자동차를 타고 함께 올라왔다. 원래 도색을 하고 KTX 특별 수송을 통해 서울로 자전거 트레일러를 운송하려 했지만 크기와 용량이 초과되어 불가능했다. 자동차가 없으면 지역에서 진행하는 워크숍에 참가해 만든 작품을 운송하는 것도 일이었다. 운송 수단으로서의 자전거와 함께한 3일을 끝내면서, 결국 다시 자동차라는 운송 수단을 이용해야 한다는 점이 지금 자전거가 직면한 도시의 딜레마라는 생각을 떨쳐 버릴 수가 없었다.

한 참여자가 누워서 타는 리컴번트 자전거를 만들고 있다. 과연 움직일까? 제작 과정은 언제나 흥분과 기대를 동반한다

참가자들이 만든 측면 짐칸 자전거. 옆에 물건을 싣다가, 물건이 없을 때는 접을 수 있다.

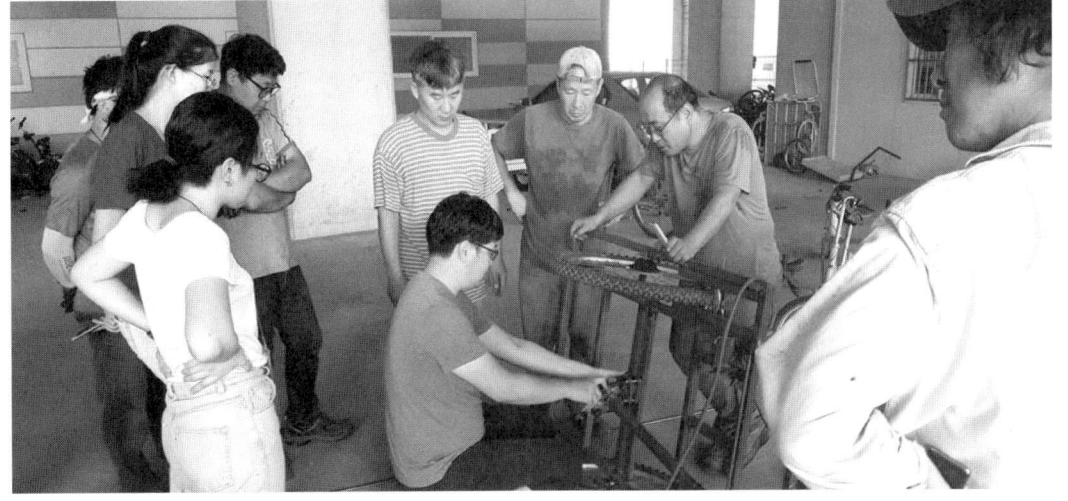

마지막 날엔 자신이 만든 자전거를 동료들에게 설명하고, 동료들과 문제의 개선점을 함께 고민하는 프로그램이 진행되었다.

작업장을 떠나며

이번 대안 자전거 제작 워크숍을 통해 생활 제작 기술을 지향하는 지역적정 기술운동이 진행하는 공동체 작업장community workshop 모델의 원형을 만날 수 있었다. 현재 다양한 유형의 자전거 작업장이 열리고 있다. 자전거 정비와 수리를 교육하는 자전거 작업장이 자전거의 귀환과 함께 가장 일반적으로 열리고 있는 작업장의 형태이다. 이번 워크숍에도 참여한 하자센터 자전거공방처럼 청소년 대안교육 및 진로 모색과 자전거 제작을 연결해 작업장을 운영하는 모델도 있다. 외국의 경우에도 자전거 제작을 매개로 공동체를 구성하고, 공동체를 매개로 공동의 삶을 조직하는 대안 방법을 모색하는 사례들이 늘고 있다. 대표적인 모델은 자전거 주방bike kitchen이라고 불리는 모델로, 사람들이 자전거를 수리하거나 만들고 또한 안전한 자전거 타기를 배우는 자전거공동체 모델이다. 자전거 주방엔 공동의 수리 제작 도구와 부품 등이 비치되어 있고 이를 활용할 수 있는 전문가가 존재한다. 전 세계적으로 이미 수천 곳의 자전거 주방이 존재한다. 물론 부르는 이름은 다양하다. 자전거 교회bike churches, 자전거협동조합bike coops, 자전거 콜렉티브bike collective 등이다. 이를 통합해서 어떤 이들은 공동체 자전거 조직이라고 부르기도 한다. 자전거 주방은 1980년대 이후 등장했다. 모든 이들이 자전거에 접속할 수 있는 가능성을 확장하는 것이 이들의 공통 목표이다. 국내에선 현재까지도 동네에 존재하는 자전거 가게가 지역 동호회의 거점 역할을 했다. 그러나 최근엔 본격적으로 자전거를 매개로 공동체를 구성하려는 고민들이 보다 활성화되고 있다.

제작 기술을 매개로 일상생활의 필요와 자전거를 연결한다는 구상은 이번 워크숍이 천안과 아산 지역을 기반으로 적정기술 연구와 활동을 전개하는 단체들로부터 출발했기 때문에 가능했다. 그러나 이번 워크숍을 보다 적극적으로 파악하기 위해서는 지역을 넘어 전국적인 관점으로 확장할 필요가 있다. 왜냐하면 이번 자전거 제작 워크숍은 현재 전국적으로 확산되고 있는 공동체 작업장 모델의 하나라고 볼 수 있기 때문이다. 공동체 작업장이란 지역공동체에 내재된 일상생활의 필요를 공동체 구성원들의 제작 활동을 통해 충족하는 대안 제작 활동의 장소를 말한다. 이번 '아주 멋진 고물 자전거 대변신 워크숍'도 그런 공동체 작업장 모델의 하나라고 볼 수 있는 이유이다. 공동체는 단지 공동의 결속을 위한 의미의 충족뿐만 아니라 물질적인 필요 또한 충족할 수 있는 공통 자원commons을 요구한다. 공통 자원의 구성과 확산이 공동체 유지와 존속 및 발전의 핵심이란 인식이 확산되면서 다양한 유형의 공통 자원을 만들기 위한 실천이 급속하게 전국으로 확산되었다. 그 과정에서 나타난 중요한 특징 중 하나가 도구의 공유와 제작 기술의 공유이다. 동시에 도구를 통해 일상생활에 필요한 대상을 제작하는 워크숍이 전국적으로 확산되고 있다. 물론 이들이 모두 적정기술과 관계한 것은 아니다. 대부분은 마을공동체나 동네공동체의 형성 수단으로서 도구와 제작 기술에 주목한 것이기 때문이다. 그러나 단지 일부 적정기술 연구자나 활동가들만의 워크숍이 아니라 제작 기술을 시민들과 함께 나누는 작업장을 만들고, 그 작업장을 통해 관계와 기술, 그리고 시간을 공유하는 활동 방식이 확산되고 있다는 점은 중요하다.

워크숍은 요즘 흔하게 접할 수 있는 말이다. 직장에서 연수를 가거나 모임에서 동료들과 함께 의논할 문제들을 해결하기 위한 절차를 진행하고자 할 때, 워크숍이란 단어를 많이 쓴다. 그런데 원래 워크숍은 말 그대로 작업장, 곧 어떤 대상을 제작하는 장소를 뜻하는 단어였다. 그런 의미에서 제작 워크숍, 특히 공동체의 형성과 연결되어 있는 공동체 작업장은 워크숍의 본래 의미가 공동체를 매개로 현대 도시에서 되살아나는 사례라고 할 수 있다. 더욱 중요한 점은 공동체 작업장이 임금 노동labor에 기반을 둔 노동 사회 안에서 주변화하거나 사실상 소멸되었던 제작making/work이란 또 다른 노동 양식을 도시 안으로 진입시키고 있다는 점이다. 임금 노동은 그 정의상 타인의 필요를 위한 노동인데 반하여, 지금 복원되고 있는 제작이란 노동은 자신의 필요를 직접 충족하는 노동 양식으로 등장하고 있다. 현대 자급운동이 제작 노동에 주목하거나, 혹은 노동 사회의 위기와 소비 사회의 대안으로 제작에 주목하는 일련의 흐름들이 등장한 이유이다.

그러나 귀환하고 있는 제작 노동의 가장 큰 특징은 단지 '만들기'가 아니라 '다시 만들기remake'라는 점에 있다. 바로 이 점이 산업 사회 이전에 존재했던 자급 노동의 일환으로서의 제작과 산업 사회 이후 과정에서 다시 복원되고 있는 제작 노동의 가장 큰 차이이다. 산업 사회가 남긴 대량 생산이라는 유산 위에서 만들기가 복원되었다는 점이 중요하다. 지금 우리가 조우한 만들기는 이미 만들어진 제품을 해체-재구성하는 다시 만들기의 과정으로 등장한 것이다. 그런 점에서 폐자전거에 주목하고 재활용의 방법을 택한 이번 워크숍의 숨겨진 주제는 바로 '다시 만들기'였다. 그러나 이때의 '다시re-'란 과거로의 회귀가 아니라, 미래와의 연대라는 강력한 의미를 갖고 있다. 왜냐하면 지속 가능성을 위한 현재와 미래의 연대 전략이기 때문이다.

물론 아직 제작은 우리의 필요를 충족하는 대안 노동의 양식으로 충분히 발전하고 있지 못하며, 단지 하나의 아이디어 혹은 실험 단계에 머물고 있을 뿐이다. 또한 대부분의 공동체 작업장은 유지와 존속에도 힘들어한다. 이번 워크숍에서 만든 대부분의 자전거도 실제 일상생활에서 사용하기에는 불충분했다. 그러나 '제작'의 귀환이 일어나고 있으며 이를 통해 소비에서 생산으로, 상품에서 작품으로 우리 삶의 방식을 전환하고자 하는 경향이 강화되고 있다는 점을 기억하는 일은 매우 중요하다. 우리의 과제는 지금 등장하고 있는 다시 만들기와 공동체 작업장을 단지 미래의 예시가 아닌, 미래 그 자체로 만들기 위한 모델과 전략, 그리고 문화를 구축하는 일이다.

× 특집 자전거

다시 만들어 보자
성미산학교 자전거 수레 만들기 프로젝트

김명기 성미산학교 nickace@naver.com

성미산학교 교사입니다. 5년 동안 중등에 있다가 2015년에 초등으로 이사 왔습니다. 학교에서 활동하면서 비로소 내가 어떤 사람인지, 함께 산다는 것은 무엇인지, 어떻게 살아야 하는지 고민하고 있습니다. 어린 스승들 덕분입니다. 고맙습니다.
※ 이 글은 5학년 김종명, 이솔, 최휜, 그리고 4학년 홍민조의 도움을 받아 함께 썼습니다.

1.

"야, 정지후!"
5학년 훤이의 눈에 눈물이 그렁그렁하다. 무슨 일이냐고 물어보니 분한 목소리로 말한다.
"지후 때문에 미치겠어요."
3학년 지후와 훤과 다준, 4학년 민조와 여울은 한 모둠이다. 다섯 친구는 버려진 폐자전거를 가져다 해체하던 중이었다.

2015년, 성미산학교 3~5학년은 두 개의 살림 프로젝트를 진행했다. 마포희망나눔과 연계하여 동네 어르신들에게 반찬을 만들어 나눠 드리는 '할머니의 밥상'과 자전거 수레(카고 바이크 cago bike)를 만드는 '꿈꾸는 공방'이다. 자전거 수레는 '되살림 가게'에서 "옷을 방문 수거했으면 좋겠다"는 요구가 있어 기획했다. 큰길가에 있던 가게가 동네 안쪽으로 이전한 데다, 활동가 부족으로 불규칙적으로 문을 열게 되자 생각해 낸 방법이다. 마침 할머니의 밥상 팀에서도 만든 반찬을 실어 나르면 좋겠다는 의견도 있었다.

자전거 수레를 만들기 위한 준비 과정으로 먼저 자전거를 자세히 들여다봤다. 매주 금요일마다 자전거의 역사와 의미를 다룬 《달리는 기계, 개화차, 자전거》❶를 함께 읽어 나가는 한편, 자전거를 관찰해서 그려 보기도 하고 동네 삼천리자전거에서 자전거를 조립하는 것도 살펴봤다. 폐자전거 해체 후 재조립도 자전거 탐구 과정의 일환으로 진행했다. 이러한 과정을 통해 자전거의 구

❶ 정하섭 글, 조승현 그림, 《달리는 기계, 개화차, 자전거》, 보림, 2013.

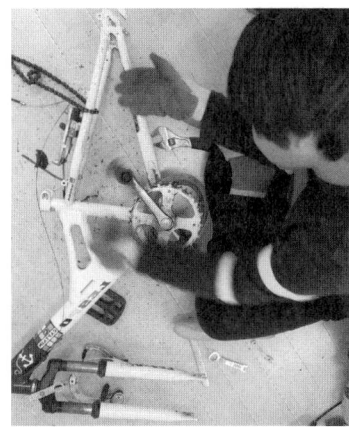

성미산학교 학생들이 자전거를 분해한 후 다시 조립하고 있다.

조를 구석구석 파악할 수 있으리라 기대했다.

"무슨 일이야?"
"지후가 말을 안 들어요. 제 고집만 피우고."
"아니, 훤이 형이 어차피 재조립할 건데 뭐하러 핸들이랑 페달까지 분리하느냐고."
"지후는 해 보고 싶은 데까지 최대한 분리해 보고 싶은 거야?"
"네."
"지후는 망치로 때려 보자고까지 했어요!"
"오늘 작업의 우선 목적은 최대한 해체하면서 자전거가 구석구석 어떻게 구성되어 있는지 확인하는 거니까 훤아, 일단 최대한 분해해 보자. 지후야, 망치는 말고."

자전거를 해체하는 데 두 시간가량 걸렸다. 스패너spanner로 앞바퀴를 포크에서 떼어 내고, 육각 렌치wrench로 핸들을 뽑았다. 뒷바퀴는 체인 때문에 수월하지 않았지만 어쨌든 가능한 수준까지 끙끙대며 떼어 냈다. 잠시 쉬었다가 해체 역순으로 자전거를 재조립하기 시작했다. 앞바퀴를 끼우는 것은 어렵지 않았는데 브레이크가 잘 맞물리게 하는 게 좀 힘들었다. 뒷바퀴를 끼울 때는 뺄 때처럼 체인이 꼬여서 다시 끙끙대며 조립했다. 꼬인 체인을 풀어서 크랭크crank에 연결하는데 마치 뫼비우스의 띠를 푸는 기분이었다. 어찌어찌 자전거 태態를 다시 갖추었는데 상자 안에 10여 개의 링을 포함해 30여 개의 작은 부품들이 남아 있었다. '이건 어디서 빠진 거지? 어디에다 끼워야 하는 거지?' 이때, 훤이가 묻는다.

"이거 타다가 사고 나면 어떡해요?"

2.

해체했다가 재조립한 자전거 두 대를 가지고 동네 삼천리자전거 가게에 갔다. 어디선가 부품이 빠졌는데 무시하고 타다간 큰일 나니까. 수리도 받고 재조립 과정에서 우리가 무엇을 놓쳤는지도 물어보기 위해 겸사겸사 찾아갔다. 그런데 자전거를 보자마자 사장님이 화를 내신다.

"아니, 자전거를 왜 이렇게 만들었어요!"

사장님은 자전거를 만지신 지 20년 가까이 된다. 척 보자마자 자전거를 갖고 험한 장난(?)을 친 것처럼 보이시나 보다.

"저희가 자전거를 갖고 프로젝트를 하고 있거든요……."
"에이! 이거 안 되겠는데 어휴~. 폐자전거에 해체까지! 어휴~ 저도 이제 힘듭니다! 하~ 못 하겠는데요! 더 이상은 이렇게 가져오지 마세요!"

사장님은 애초 폐자전거였던 점, 숙련되지 않았는데 섣불리 해체와 재조립을 한 점을 문제로 꼽으셨다. 탄식하면서도 땀을 뻘뻘 흘리며 여기저기서 부품을 집어 자전거를 수리하신다. 척 보면 척. 이것이 장인의 내공인가. 30분 남짓 걸려 우리가 망가뜨렸던(?) 자전거가 완전히 고쳐졌다. 죄송하고 감사한 마음에 수리비를 드리려 하니 한사코 받지 않으시겠단다. 몇 해에 걸쳐 성미산학교 초등 아이들한테 자전거 수리와 안전하게 타는 법을 나눠 주신 정 때문일 터다. 죄송하고 감사해서 연신 허리를 숙여 인사드리고 나왔다. 같이 가져갔던 나머지 자전거 한 대는 차마 보여 드리지도 못한 채. (남은 한 대는 다른 자전거 가게에서 수리를 받았다.)

3월 30일에는 카고 바이크를 만든 적이 있는 오늘공작소의 '나인(9)'을 만났다. 도시에서 카고 바이크가 담당할 수 있는 순기능은 무엇인지부터 카고 바이크를 활용한 다양한 상상까지 한 시간 남짓 자료가 곁들어진 이야기를 들었다. 일반 자전거가 운전자 몸무게의 1/3까지 짐을 실을 수 있는 반면 카고 바이크는 그 두 배까지 실을 수 있었다. 운송 수단으로서 카고 바이크가 자동차를 대체할 수 있다는 가능성을 알게 된 것도 유의미했다. 무엇보다 가장 큰 수확은 용접 대신 볼트와 너트로 연결해서 카고 바이크를 만들 수도 있다는 것이었다. 그렇다면 철물점에서 파는 플라스틱 파이프 같은 걸 볼트와 너트로 연결해서 카고 바이크를 만들 수 있지 않을까?

3.

4월부터 본격적인 자전거 수레 디자인과 함께 제작에 들어갔다. 우선 필요한 재료는 기존의 물건들을 재활용하기로 했다. 너무 많은 것들이 쉽게 버려지는 시대에 필요 없어진 물건들을 다시 들여다보고 새로운 '쓸모'를 '발견'해 보자는 취지였다. 주요 소재로는 나무를 쓰기로 했다. 초등 아이들에 맞는 용접용 안전 도구가 없기도 하고, 성미산학교가 초등에서 꾸준히 나무를 다루어 왔기 때문이었다. 목재가 다른 재료들보다 상대적으로 다루기 용이하다는 점도 작용했다. 길거리에 버려진 캐리어, 학교에 방치된 우산 꽂이용 통을 주워 교실로 갖고 왔다. 먼저 모둠별로 자전거 수레를 디자인해 보았는데 아이들이 영 깜깜한 눈치다. 구체적인 치수도 생각해 보고 앞바퀴 대신 달지, 뒷바퀴에 연결할지, 완전히 분해해서 나무로 틀을 짠 다음 바퀴를 달지 여러 상상을 했으면 바랐지만 아이들의 모습을 보니 아무래도 무리인 것 같다. 하긴, 나도 막막한데……. 종이와 책상은 집어치우고 모둠별로 자전거 주위에 둘러앉았다. 함께 찾아보았던 자료를 바탕으로 우리가 찾은 물건들을 대입해 보며 아이디어를 주고받았다.

"(우산 꽂이용 통을 앞바퀴에 대며) 앞바퀴를 떼고 이 통에 바퀴를 달고 포크에 연결하면 어떨까요?"
"(캐리어를 앞바퀴 쪽에 놓으며) 앞바퀴를 떼고 캐리어 밑에 바퀴를 달아서 포크에 연결하는 건 어때요?"
"뒷바퀴에 연결하는 건요?"

각자 하고 싶은 방식에 따라 크게 두 개의 팀으로 나누었다. 둘 다 앞바퀴를 떼고 자전거 앞쪽에 수레를 다는 것은 동일했다. 뒷바퀴에 연결하는 것보다 앞쪽에 다는 것이 운전하기도 쉽고 안전성도 높다는 나인의 조언 때문이었다. 캐리어 팀은 주워 온 캐리어 밑에 바퀴를 달아 앞바퀴 대신 연결해 보기로 했다. 일단 캐리어 손잡이와 틀, 기존의 바퀴 등을 분리했다. 캐리어를 눕히고 안쪽에 목공실에 있던 자투리 나무 조각을 댄 후 캐스터caster(바퀴)를 나사로 박았다. 다음은 캐리어 팀 팀장이었던 5학년 훤이의 기록이다.

> 오늘은 진도가 별로 나가지 않았다. 나사가 튀어나온 것을 가리기 위해 얇은 판을 톱질해서 또 넣었다. 그런데 애들이 톱질을 느릿느릿하게 하는 바람에 쉬는 시간이 많았다. 생각해 보니 우리가 만들고 있는 것은 안전성이 많이 떨어지는 것 같다. 브레이크가 뒷바퀴에만 있어서 아무래도 내리막길은 위험할 것이고, 오르막길도 저런 바퀴로는 못 올라갈 것이다. 이제부터는 무조건 빨리 만들겠다는 생각은 접어야겠다. 오늘은 좀 안 좋은 일이 많았지만 깨달은 것이 있다.

상자 팀은 초등 저학년 아이가 들어갈 정도로 큰 나무 상자의 양옆에 자전거에서 떼어 낸 바퀴를 달고 포크에 연결하기로 했다. 처음에는 학교에서 찾은 우산 꽂이용 통을 활용하려다 구멍을 뚫었을 때 상자 자체가 깨져 버릴 수 있다는 조언을 받고서는 나무로 상자를 짜기로 했다. 그런데 생각지도 못한 일이 벌어졌다. 팀원들 간에 '어떻게 상자를 만들 것인가?' 하는 문제가 쟁점으로 떠오른 것이다. 나를 포함한 다수는 밑판의 네 면에 판을 붙이는 평범한(?) 형태의 나무 상자를 생각했다. 그런데 3학년 준용이는 젠가jenga처럼 긴 직사각형의 나무 조각들이 엇갈리면서 올라가는 상자를 만들고 싶다고 했다.

단 한 명의 의견이라도 다수결로 묵살하고 싶지는 않았다. 상자 팀 팀장을 맡은 5학년 종명이의 마음도 마찬가지였나 보다. "우리, 회의 좀 할까?" 회의 자체가 고된 작업인 데다 경험도 많지 않아서 힘들 텐데 종명이는 상자 팀 여덟 명 각각의 의견을 묻고 들으며 어떻게든 합의를 이끌어 내려고 했다. 준용에게 왜 젠가처럼 만들고 싶으냐고 물어보니 "그냥"이란다. 더 막막하다. 이틀에 걸쳐 6시간 동안 진행된 회의는 합의를 도출하지 못했다. 끙끙대고 있는 아이들을 보고 있자니 정리를 해 줘야겠다는 생각이 들었다.

"준용이는 젠가처럼 만들겠다는 계획을 포기할 생각은 없어요?"
"네."
"그럼 준용이는 젠가처럼 만들어 보는 건 어때요? 혹시 준용이와 함께 만들어 보고 싶은 친구들이 있으면 같이 하고. 그렇지 않은 친구들은 애초 계획대로 나무 상자를 만들고요."
"그래요."

젠가처럼 만들어 보고 싶은 친구들을 확인하니 3학년 준용, 4학년 영서와 여울이, 그리고 5학년 종명이가 손을 들었다. 5학년 솔과 4학년 태준, 3학년 병훈이는 평범한(?) 나무 상자를 만들기로 했다. 아무래도 마냥 개운치만은 않아 종명이에게 어떠냐고 물어보니, "회의 괜히 했다는 생각이 들었어요" 하며 씁쓸한 웃음을 짓는다. 좀 더 지켜보는 것이 나았을까? 종명이에게 다수라고 해서, 선배라고 해서, 경험이 많다고 섣불리 다른 친구의 의견을 묵살하지 않고 팀원 각각의 이야기를 들으며 끝까지 협의하려고 한 태도에서 감동받았다고 전했다. 나 역시 종명이의 그런 태도에서 중요한 점을 배웠다는 말도 함께 건넸다.

4.

6월. 날짜를 확인해 보니 학기 정리 기간을 제외하면 자전거 수레를 만들 수 있는 시간이 2주밖에 안 남았다. 2주라고 해도 프로젝트 시간은 월요일 오전 4시간, 수요일 6시간뿐이니 남은 시간이 얼마 없다. 칠판에 날짜를 쓰고 자전거 수레를 만들 수 있는 시간이 2주밖에 남지 않은 사실을 공유했다. 캐리어 팀은 캐리어를 갖고 애를 쓰다 "지저분해서" 캐리어를 포기하고 나무 상자를 만드는 중이고, 젠가 팀은 아직 바닥을 만들고 있다. 상자 팀은 상자를 새로 만드는 대신 학교에서 발견한 나무 서랍 양쪽에 바퀴를 달았다. 그런데 그 나무 서랍을 자전거에 어떻게 연결할지 고민이었다. 상황이 이러하니 2주 안에 완성품(?)이라고 할 만한 것이 나올 수 있을지 나조차 확신할 수 없었다.

"우리가 프로젝트를 할 수 있는 시간이 2주밖에 안 남았어요. 자전거 수레를 만들자고 시작했는데 어쩌면 완성을 못 할 수도 있어요. 손수레 형태로 마무리를 하는 것도 고려해 보면 어떨까 싶어요. 만약 자전거 수레를 완성하지 못하더라도 자전거 수레를 만드는 과정에서 우리는 충분히 유의미한 발견들을 했다고 생각해요. 학기 초에 "우리가 만들 수 있을까요? 이게 가능하겠어요?" 하며 회의적이었던 훤이가 "무조건 빨리 만들겠다는 생각은 접어야겠다" 결과보다 과정에 충실하겠다는 변화된 모습을 보였어요. 종명과 여울, 영서, 솔, 태준, 병훈이는 준용이의 의견을 묵살하는 대신 기다리면서 같이 고민했고요. 다준이도 어느 날 일지에 "포기하지 않겠다"라고 썼어요. 그러니 혹여 완성하지 못하더라도 너무 실망하지 말고 남은 2주 동안 과정에 최선을 다해 봅시다."

말이 끝나자마자 학생들은 "야! 2주밖에 안 남았어! 빨리 움직여야 해! 빨리 내려가자! 빨리 내려가자!" 하면서 우르르 목공실로 내려간다. 진심이었지만 동시에 출구 전략의 의도도 있었던 말이었다. 나는 반쯤 포기했는데, 이 친구들은 전혀 포기하지 않았구나……. 내 자신이 부끄러웠다.

목공실에선 망치질 소리가 요란하다. 젠가 팀에서 한창 못을 박는 중이다. 2주밖에 안 남았다니 피치를 올리는 것도 있고, 종명이의 말처럼 애들이 톱질보다 망치질을 좋아하기 때문인 것도 있다. 영서의 말에 따르면 못을 한 100개는 박았을 거란다. 그럼에도 별로 튼튼해 보이지 않는 것이 함정이다. 나사못을 박았으면 좀 더 튼튼할 것 같은데 네 면에 세운 나무판이 너무 얇아 나사못을 박을 수 없는 상태였다. 일단 의지와 계획이 확고하니 다 만들고 난 다음 부딪혀 보기로 했다.

솔과 태준, 병훈이가 나무 서랍 양쪽에 폐자전거에서 떼어 낸 바퀴를 단 수레를 만들었는데 기기묘묘한 균형을 잡으며 굴러간다. 뒤뚱뒤뚱. 자전거에 그 수레를 연결하려고 상자 위에 포크를 얹으니 앞이 너무 들린다. 더구나 포크에 상자를 연결할 방법도 마땅찮다. 내가 앞바퀴 대신 뒷바퀴와 연결하는 것이 어떠냐고 제안하니 솔, 태준, 병훈 모두 동의한다. 이런 유연함이란…….

얇고 긴 직사각형 형태의 나무 조각을 수레와 뒷바퀴 축에 튀어나온 볼트에 끼워서 연결했다. '시험 운행을 나가 볼까?' 하고 자전거를 후진시키는데 "빠직!" 하고 나무 조각이 부러졌다. 솔이 허탈한 웃음을 한번 짓더니 말했다. "다시 만들어 볼까요?" 김성원 선생님이 올린 자료에 보니 관절 같은 게 있던데 그렇게 해 볼까? 직사각형 나무 조각 두 개를 연결해 팔꿈치처럼 만들었다. 살짝 자전거 수레를 타 보니 기기묘묘한 균형이 무너지면서 나무 상자의 앞뒤 하부가 길바닥에 부딪혔다. 이를 보완해서 두 번째 테스트를 진행했다. 잘 나간다 싶더니 학교 앞 모퉁이에서 회전하다가 다시 "빠직!" 하고 나무 조각이 부서졌다. 두 번째 실패. '다들 실망하고 포기하면 어떡하지?' 하고 걱정하는데 솔, 태준, 병훈 모두 박수를 치며 깔깔깔 웃는다. "와! 또 부서졌다! 하하하." 한참을 웃더니 이런 말을 주고받는다. "다시 만들어 볼까?" "그래!" "그래!"

캐리어 팀에 있던 민조와 윤서, 준하는 함께 손수레를 만들기로 했다. 캐리어 팀에서 훤이와 지후, 다준이가 일을 거의 다 하다시피 해서 상대적으로 민조와 태경, 신우와 윤서는 할 일이 많지 않았다. 가끔 조정하긴 했지만 한 명 한 명에 맞춰 구체적으로 일을 나누기엔 한계가 있었다.

그런데 마침 준하가 "손수레를 만들고 싶다"고 했다. 가방 안에 늘 스패너를 가지고 다니지민 프로젝트 시간에 힐 일이 별로 없어 답답한 민조와 그의 절친 윤서를 붙이기로 했다. 슬쩍 제안해 보니 민조가 반긴다. 나는 사람이 탈 수 있을 정도의 크기에 튼튼하게 만들어야 한다고 했다. 끄덕끄덕. 반짝반짝. 사람이 탈 수 있어야 해서 목공을 하시는 준하의 아버지 마을총각의 도움을 좀 받기로 했다. 마을총각이 커다란 바퀴 네 개와 재단한 몇 개의 나무 조각을 갖다 주셨다. 열심히 마을총각의 설명을 들은 민조와 윤조(그리고 준하)는 신이 나서 볼트와 너트로 조각들을 연결해 손수레를 완성했다. 다음은 민조와 윤서의 기록이다.

> 오늘은 손수레를 만들었어요. 재미있어서 하다가 망, 했, 어, 요. 그리고 전동 드릴을 사용하려다 없어서 다른 걸로 했어요. 그러다가 종 치고 점심시간이 됐어요. 맛있게 먹고 5, 6교시가 되어서 다시 했어요. 바로 못 박기였어요. 하다가 시끄럽다고 해서 안 하고 드라이버로 했어요. 힘들었어요. 오래된 못을 빼고 새로 박았어요. 빼는 데 너무 힘들어서 좀 쉬다가 영서가 빼 줬어요. 준하한테 좀 박아 달라고 했는데 준하가 "싫은데~ 내가 왜~ 얼마 줄 건데~"라고 해서 좀 황당했어

성미산학교 학생들이 만든 자전거 수레 운행 테스트를 하고 있다. 뒷바퀴에 연결한 수레 자전거(왼쪽)와 아래는 앞바퀴를 떼고 연결한 수레 자전거(오른쪽).

요. 그리고 나사랑 무슨 공구랑 이어서 악기를 만들어서 윤서랑 연두랑 나랑 놀았어요. 거의 완성된 손수레는 정말 멋졌답니다.

나는 민조 언니와 준하 오빠랑 손수레 만드는 프로젝트로 바꿨다. 못 박고 나사못도 박고 망치질도 하고, 수동 드라이버와 전동 드라이버도 썼다. 옛날, 그러니까 캐리어로 카고 바이크를 만들자고 했을 때, 지후와 휜이 오빠가 거의 다 해서 우린 할 게 없었는데 우리 셋이 하니까 할 게 많았다. 하다가 손을 데었지만 하나도 안 아팠다. 지금은 가라앉았다. 어쨌든 우리 셋이 하는 건 엄~청 재미있었다. 마을총각이 나무 모형을 갖다 주셨다. 손수레를 완성시켰는데 일단 테두리 붙이고 못을 박고 사포질하고, 바퀴 달고, 손잡이를 붙였다. 그다음 연두 타고, 나 타고, 민조 언니 타고, 기다리고 기다리던 준하 오빠 차례였다. 준하 오빠도 재밌어했다.

5.

자전거 수레를 만들 수 있는 마지막 프로젝트 시간에 드디어 한 학기 내내 찾아 헤매던 조력자와 조우했다. 학교 비품을 수리하고 관리해 주시는 성가이버가 목공실에 오신 것이다. 젠가 팀은 상자 밑에 작은 빨간 바퀴 네 개를 달고 뒷바퀴에 연결하는 형태로 마무리했다. 상자 팀은 성가이버의 조언을 받아 두껍고 튼튼한 나무 조각으로 뒷바퀴와 자전거 수레를 연결하기로 했다. 캐리어 대신 나무 상자를 짜서 만든 캐리어 팀은 자전거 포크를 상자 안에 넣은 후

포크 사이사이에 못을 박아 고정했다.

다들 흥분 상태에서 학교 앞에서 시험 운행을 했다. 한 사람씩 돌아가면서 자신들이 만든 자전거 수레를 운전했다. 사람들은 행여 주차되어 있는 차에 부딪힐라 걱정했다. 자전거 수레는 회전은 물론이고 오르막길, 내리막길 테스트도 했는데 별 문제가 없었다. 테스트 운행이 더 필요하지만 반찬 나눔에 쓸 수 있을 거란 기대가 생겼다. 마지막 날. 완성이라니! 정말 홀가분했다. 종명이는 "이제 발 쭉 뻗고 잘 수 있겠다"고 했다.

그런데 나무 상자 바닥에 캐스터를 단 캐리어 팀의 자전거 수레는 뜻대로 움직이지 않는다. 포크와 상자만 잘 연결하면 핸들로 방향 조절이 될 줄 알았는데 아니다. 상자 밑에 단 네 개의 작은 캐스터 때문인가 보다. 비록 당장 반찬 나눔에 활용하진 못하지만 계획했던 것을 끝까지 밀어붙여 완성한 데 의의를 두기로 했다. 앞바퀴에 연결해 보겠다는 도전으로도 충분히 의미 있는 일이었다고 말이다. 훤이의 기록이다.

> 오늘은 엄청난 날이다. 내려가서 포크를 어떻게 연결할지 15분 정도 고민하다가 포크를 나무와 나무 사이에 넣고 나사로 고정하기로 했다. 일단 맞는 나무를 찾고 톱질을 하다가 실수로 손이 톱에 베였다. 손에 피가 좀 많이 나서 팔에도 피가 흐르고 바닥에 핏자국을 냈다. 그리고 어찌어찌하다 보니 포크에 연결할 수 있었다. 자전거 수레를 완성했다! 왠지 피를 흘린 보람이 있는 듯했다. 우리가 한 번씩 타 보았더니 방향 조절이 약간 불편하긴 했지만 만들었다는 게 대단했다. 아무래도 반찬 나눔에는 도움을 못 줄 것 같다. 솔이 모둠이 대신 할 수 있어서 다행이다. 어쨌든 의미가 있었던 것 같다.

프로젝트를 정리하는 과정에서 훤과 종명은 공통적으로 '협동'이란 키워드를 건져 올렸다. 종명은 자신과 여울이 번갈아 가며 톱질을 할 때 영서와 준용이가 위에 올라가 눌러 주었던 일을 들며 "넷이 연결되어 있는 느낌"을 받았다고 했다. 지후와 눈물을 글썽거릴 정도로 갈등(?)을 겪었던 훤이는 계속 작업을 해 나가면서 지후와 "통하는 사이"가 되었고, 팀원들과 손발이 맞아 갈 때 "짜릿"했단다. 다준이와 훤이는 자전거 수레를 완성하던 순간 "지후가 정말 열심히 했는데 완성할 때 없어서 아쉽겠어요"라며 가족 여행 때문에 없는 지후를 떠올렸다.

내가 발견한 것은 유연함이었다. 목표와 계획을 잡고 가지만 상황과 조건에 따라 다른 방법을 고민할 수 있는 태도, 몇 번 실패해도 포기하는 대신 어떻게 하면 될지 찾는 자세는 유연함에서 기인하리라. 기다림과 귀 기울임은 유연함에서 나온 또 다른 갈래처럼 보인다.

한 사람의 것이라 해도 다른 의견은 함께 논의하고, 작업이 늦어지더라도 협의하고 조정하려 하는 태도는 속도에 대한 유연함, 결과보다 과정에 집중하려

성미산학교 '꿈꾸는 공방' 학생들이 만든
자전거 수레 전시회.

는 태도가 있어 가능했다. 내 뜻과 속도, 계획만 고수하지 않고 다른 사람을 들여다보고 맞춰 갈 줄 아는 것. 동료의 생각과 마음에 귀 기울일 줄 아는 것. 누구도 소외시키지 않고 존중하려 애쓰는 것. 인간의 얼굴을 한 일이란 이런 것이 아닌가.

× 특집 자전거

목화학교 청소년들이 운행한 배움의 여정
자전거면 충분해!

김희옥 하자작업장학교 hiiocks@gmail.com

하자작업장학교 히옥스입니다. 9.11테러 다음 날 개교했는데, 15주년이라고 정말 오랜만에 졸업생들 초대해서 학교 생일 챙기던 날엔 경주에 첫 지진이 났습니다. 사람들끼리 더 이상 미워하지 않고 지구의 경고를 겸손하고 진지하게 들으며 앞으로 7대 후손까지 조심스럽게 애정을 보내자고 마음을 추스르는 청소년과 함께 지내고 있습니다.

안녕하세요. 저희는 영등포구 자전거 도로에 관한 민원을 보냈던 하자센터 청소년들입니다.
항상 시민들의 안전을 위해서 힘써 주시는 영등포구청 공무원분들께 감사드립니다. 지난번 저희 민원에 대해 답변해 주셨던 것은 잘 확인해 보았습니다.

우선 저희가 드린 민원을 잘 읽어 봐 주시고, 의견을 수렴해 주셔서 감사합니다. 양평 유수지 입구 자전거 보관소 설치와 여의2교 계단 옆 자전거 보조 레일 보수, 자전거 도로 주차 단속 강화, 양평역 부근 편방향 자전거 도로 양방향으로 확충 등 여러 가지 문제를 해결해 주신 점에 대해 다시 한 번 감사드립니다.

우리 구에 자전거 교통사고가 많이 일어남에도 불구하고, 아직까지는 자전거를 배려하지 못하는 차량 운전자가 많다는 말씀에 공감합니다. 중장기적으로 자전거에 대한 의식을 변화시켜 나가기 위한 적극적인 모색이 절실하며, 저희 청소년들이 그 과정에 힘을 보탤 수 있으면 좋겠습니다.

자전거에 대한 차량 운전자들의 인식이 부족하다는 현실에 머무르지 말고, 인식을 개선하기 위해서 어떤 일들을 할 수 있을까요? 수원의 행궁동처럼 한 달은 아니더라도, 1년에 한 번 '차 없는 거리'를 만들어 보는 것은 어떨까요? 영등포구의 모든 초등학생들에게 자전거 면허 시험을 통해 안전하고 즐겁게 자전거 타는 방법을 가르쳐 주는 것은 또 어떨까요? 만약 이런 정책을 시행하신다면 저희도 저희가 할 수 있는 일을 통해 적극 동참하겠습니다.

자전거는 어린이와 청소년들은 물론, 여러 연령대에 걸쳐 누구나 쉽게 접하고 탈 수 있는 교통수단입니다. 타는 것도 쉽고 경제적이며, 누구에게나 열려 있습니다. 미세 먼지가 심각한 요즘,

오염의 주범인 자동차와 달리 매연을 배출하지 않고, 도로 위 공간도 많이 차지하지 않습니다. 화석 연료에 의존하지 않고, 내 몸의 에너지로 페달을 밟은 만큼 나아가는 정직한 교통수단입니다. 이런 자전거가 더 안전하고 편리하게 도시를 누빌 수 있도록 힘써 주세요.

다양한 교통수단에 따른 복잡한 민원 사항들 안에서 좋은 정책을 만들어 나가기 위해 고민하시는 담당자분들을 응원하며, 감사와 당부의 마음을 전합니다.

하자센터 청소년 일동

2016년 11월 9일

전환기학습과정 목화학교

앞의 글은, 목화학교 학생들이 지난해 영등포구에 제기한 민원에 대한 영등포구의 답과 대응에 대한 감사 편지 겸 제안의 편지이다.

목화학교는 하자작업장학교[1]가 1년제 실과교실로 별도 운영 중인 탈학교 청소년을 위한 전환기학습과정이다. 탈학교 청소년들 중에서 3년의 대안학교 과정은 부담스럽지만 탈학교 이후 혼자 공부하거나 생활하는 것은 좀 외롭고 어렵다고 느끼는 청소년들을 위한 과정으로 시작했다. 목화학교를 운영하면서는, 주목을 끌지는 않지만 느린 걸음으로 변화하고 있는 세상의 이면에 대해서 종종 생각을 하게 된다. 하자작업장학교와 같은 대안학교에서 3년을 보낸다는 것은 청소년의 입장에서는 좀 큰 결심이 필요하고, 학력 인증이 되지 않기 때문에 부모를 설득하고 수업료 때문에 부모에게 손을 벌리는 것도 부담스럽다는 의견을 많이 피력한다. 학교를 다니지 않는 동안은 편의점이나 식당, 청소 등 알바를 하면서 부모와의 관계에서 일종의 면피용 경제 활동을 할 수 있다. 경제 활동으로 번 돈은 PC방에 가거나 친구들을 만나거나 사고 싶은 소품들을 사는 데 쓴다. 1년 정도라면 어떻게든 말해 보겠는데. 1년이면 수업료를 좀 내달라거나, 그러면서 친구도 좀 사귀고, 집에 틀어박혀 있지 않고 나와서 신나게 움직이고 뭔가 눈에 보이는 기술도 익히고 그럴 수 있지 않을까. 집안 형편이 정말 좋지 않은 경우도 있지만, 생각의 내용은 엇비슷하고, 청소년들이 느끼는 경제적 부담은 의외로 크고, 청소년들의 생각과 활동을 대단히 위축시킨다. 청소년들의 배우고 놀 권리를 제도화하면 좋겠다고 생각하게 되는 때는 그런 위축감에 눌려 있는 청소년들을 만날 때다. 서울시교육청에서 시작한 오디세이학교는 그런 권리의 제도화 실험으로 생각한다.

그리고 한국 교육 현실에 많은 영감을 제공하고 있는 덴마크의 교육 제도도 목화학교의 시작에 격려가 되었다. 한국과 일본에서는 사회적 문제나 심지어는 사회적 병증으로 치부되고 있는 은둔형 외톨이, 히키코모리의 등장에 대해서

[1] 하자작업장학교는 하자센터가 운영하고 있는 비인가 도시형 대안학교이다. 주로 고등 학령의 청소년들이 다니는 3년제 학교로 2001년 설립되었다. 하자작업장학교의 대안교육 실험은 2011년 후쿠시마 핵참사 이후 생태적 전환을 모색하기 시작하였고, 그 결과 2013년에는 고등 학령 이후의 대안교육과정으로서 적정기술 등 생태적 전환을 위한 청년직업장이 만들어졌고, 중등 학령을 포함한 청소년들의 실과교실도 시작하게 되었다. 이 실과교실은 2016년부터 '목화학교'라는 이름으로 운영 중이다.

IPC❷의 교감 클라우스는 덴마크의 학제를 언급하며 의견을 말해 준 적이 있다. "누구나 살다 보면 갑자기 일상의 모든 환경에서 낯선 기분이 들고 어디에 발을 딛고 있는지 모르는 멘붕의 기분이 될 때가 있다. 덴마크 사회에서는 그런 때를 맞닥뜨리는 것은 문제가 아니고 그냥 건강한 사람이 겪는 일종의 과정이 아닌가 하고 생각하게 되었다. 그런 경험이 없이 지내는 사람도 있을 수 있지만, 그런 멘붕 상황을 여러 차례 겪는 사람도 있다. 인간의 수명도 늘어났고 한 사람이 겪는 사회적 변화도 급격하기 때문에 자연스러운 상황이 아니겠느냐는 것이고, 그런 시간을 잘 보내고 다음의 발걸음을 잘 내딛게 할 수 있도록 국가와 제도가 지원하는 것이 당연하다는 시민적 합의가 있다. 그런 때는 청소년기로부터 시작해 살아가면서 여러 차례 올 수 있다. 그것이 폴케호이스콜레를 만든 이유이기도 하다." 클라우스 교감의 생각이 아직 한국 사회에서는 시기상조겠지만, 세상은 점차 그런 방향으로 흘러가고 있다는 생각을 한다.

자전거면 충분하다

목화학교는 이름대로 '목화'의 재배와 수확 이후의 과정을 따라 학습 과정이 진행되지만, 이 글에서는 자전거와 관련된 부분만 정리하고자 한다. 목화학교의 학생들은 일주일에 두 번씩 자전거를 타고 하자센터에서 30~40분 거리에 있는 목화밭엘 간다. 목화는 파종이 다른 작물에 비해서 좀 늦기 때문에, 목화학교의 학생들은 봄에 입학한 다음 자전거공방에서 첫 수업을 시작하는데, 2011년 가을, 하자작업장학교의 학생들이 만들었던 모큐멘터리 〈자전거학교〉❸를 일부 현실화한 것이 이 학습 과정에 들어 있다. 당시만 해도 후쿠시마 핵발전소 사고로부터 경각심을 가지고 석탄 화력 문명으로부터 벗어난 다른 상상력으로 자기 동력, 인간 동력에 대한 관심을 가지고 자전거학교에 대한 구상을 했고, 그 구상 속에서 자전거를 통해 인류의 이동(성)과 진화를 들여다보는 자전거인류학, 문학과 영화를 통한 자전거인문학, 넘어지지 않는 자전거물리학, 자전거생리학, 자전거 전용 도로와 차로/인도/시골길 등을 비교하면서 자전거 교통법이나 자전거 문화, 카고 바이크 등 유럽의 생활 자전거 실험과 생태적 전환, 소위 '떼잔차질'이나 자전거 버스로 불리는 구체적인 자전거캠페인 등이 가능했다. 모큐멘터리에는 마을의 자전거공방이 되는 바이크 키친이나 협동조합, 자전거 배달 서비스 등의 청년 창업에 대한 바람도 들어 있었다.

RE:born 자전거

실제로 목화학교의 자전거공방 수업은 폐자전거 수집 활동으로부터 시작한다. 폐자전거의 증가는 저렴한 중국산 보급형 자전거들의 양산과 관련이 있다. 청소년들이 좋아하는 유명 브랜드나 세련된 고가의 자전거들은 폐자전거들 중에는 거의 찾아보기가 힘들다. 보급형 자전거들은 지하철역에 묶어 두고 귀찮아서 찾아가지 않거나 잊어버리는 일도 비일비재하다. 폐자전거를 수거하는 절차를 밟아 공방으로 가져오면 자전거를 해체하고 재조립하는 과정을

❷ 덴마크에는 중등 졸업 이후 선택할 수 있는 애프터스콜레, 고등 졸업 이후 선택할 수 있는 폴케호이스콜레(포크하이스쿨)의 전환학교 제도가 있다. 폴케호이스콜레는 학교에 따라 조금씩 차이가 있지만, 대체로 3개월부터 1년 정도의 교육 기간을 가지고 있다. 입학 자격 연령은 17.5세부터 상한선이 없고, 무시험, 자발성, 개인과 공동의 프로젝트형 활동 등을 중심으로 진행하고, 학교별 특성화를 꾀하기도 하지만 전국의 교장과 교사들 모두가 참여하는 폴케호이스콜레협의체를 통해 공통의 비전과 시민교육에 대한 엄격한 논의와 평가를 진행한다. IPC(International People's College)는 국제형 폴케호이스콜레로 30여 개국의 외국인 학생들이 덴마크 학생들과 함께 수학하고 있으며, 모든 수업이 영어로 진행된다.

❸ vimeo.com/30719707

자전거 한 대를 해체하면 300여 개 부품이 나오고, 다섯 대를 해체해야 멀쩡한 자전거 한 대를 만들 수 있다. 그리고 여기에 다양한 색상의 실을 감아 '세상에 하나밖에 없는 자전거'가 된다.

진행하게 된다. 자전거 한 대를 해체하면 300여 개의 부품이 되고, 녹슬어 사용하기 어렵거나 재활용이 불가능한 부품들을 제외하는 식으로 정리하고 나면, 경험적으로 다섯 대를 해체해야 멀쩡한 자전거 하나를 새로 만들 수 있다. 그렇게 해서 재조립된 자전거란 것도 보급형 자전거의 변형이므로 청소년들에게 그다지 매력적인 것은 아니지만, 녹을 하나하나 닦아 내고, 바탕칠을 하고, 다시 원하는 색과 디자인으로 도색을 하고 또 코팅까지 마치면 조금은 애정을 가질 수 있는 새 자전거가 된다. '세상에 하나밖에 없는 자전거'라는 의미를 강조하고 이름도 붙여 본다. 이 과정을 자전거 갱생 과정이라 부르기도 하고, 리본RE:born 프로젝트라고 부르기도 한다.

자전거 갱생 과정에서 이 보급형 자전거가 고가의 자전거만큼이나 하나밖에 없는 소중한 자전거로 거듭나기 위해서는 도색 과정이 핵심적인 파트였는데, 바탕칠부터 도색에 이르기까지 두껍게 칠해지는 페인트 등을 보면서 고민에 빠진 학생들은 화학제품을 대신할 수 있는 다양한 조사와 실험을 하는 시기를 거쳐, 나중에는 직조를 배우게 되면서 도색이 아니라 그저 녹을 깨끗이 닦아 낸 뒤 직접 짠 직물을 이용하거나 다양한 색상의 실을 감는 것으로 정리가 되었다. 직접 실을 잣고, 모양에 맞게 직조하고 덧씌우는 과정 속에서 비로소 그 '세상에 하나밖에 없는 자전거'가 제자리를 잡아 가는 것 같다. 하나밖에 없는 자전거지만 개인의 소유는 아니다. 함께 만들고 고민하는 과정 속에서 갱생 자전거들은 공유 자전거가 되고, 튼튼한 자물쇠 대신 한쪽에 얌전히 주차해 두는 것으로 충분하게 여긴다. 만들었던 다섯 대 중 한 대를 누군가 가져가 버렸는데, 아직은 '새 자전거를 만들면 되지' 하는 생각으로 그렇게 크게 속상하진 않고, 오히려 예전에는 버려진 것을 무심하게 지나쳤지만 지금은 '저건 왜 버렸을까', '왜 이렇게 많은 것들이 버려질까?', '저것은 다시 고쳐서 쓸 수 있을 것 같은데……'와 같은 생각을 해 보게 되었다고도 한다.

자전거 함께 타기를 고민하면서 필기시험과 S자 도로, 커브 등 실기 시험 코스를 만들고, 법적 영향력이 있지는 않지만 면허증도 만들었다.

자전거 면허 시험

목화밭은 제2한강교 중앙에 있는 노들섬 텃밭에 있었는데 주로 한강변 자전거 도로를 이용하고 있다. 짧기는 하지만 차도를 따라가는 길도 있는데 차들이 많기도 하고 자전거에게 길을 양보해 주지도 않기 때문에 그런 두려움들을 경험한 것, 공유 자전거로 갱생 자전거를 내놓고 함께 타기에 대한 고민을 해 본 것, 그런 시간 속에서 자전거 면허 시험에 대한 구상이 나왔다.

자전거에 대한 기본적인 이해와 점검과 수리 등 관리 방법, 도로교통법과 수신호 등 안전하게 타는 법 등 면허 시험을 위한 강습 내용을 몇 달에 걸쳐서 공부하고 준비하면서 필기시험과 S자 도로, 커브 등 실기 시험 코스를 만들고, 법적 영향력이 있지는 않지만 실제로 면허증도 만들었다. 학생들은 스스로 강사와 면허 시험관 역할을 연습하면서 "우리가 알게 된 안전하고 신나게 자전거 타는 방법을 다른 사람들도 알았으면 하는 마음"을 피력했다. 자신들의 경험에 비추어, 자전거를 탈 줄 모르는 사람들과 자전거에 대한 좋지 않은 기억들 때문에 타지 못하는 사람들도 자전거를 잘 탈 수 있다는 것을 알려 주고 싶다는 마음도 생겼다. 하자센터를 방문하는 청소년들에게 몇 번의 면허 시험을 치를 기회가 있었는데 면허증을 받게 된 참가자들에게 자전거를 타면 좋은 점이 무엇인지 설문을 해 보기도 했고 다음과 같은 답변들이 공감도 되고 좋았다고 한다.

- 바람을 느낄 수 있어서 좋아요.
- 환경에 피해가 가지 않고 단순히 내 몸의 에너지로 자유롭게 이동할 수 있다.
- 용돈을 절약할 수 있어서 좋다.
- 자유를 느낄 수 있다.
- 운동을 해서 살이 빠지고 건강해진다.

자전거 라이딩과 자전거 문화

자전거 타기는 목화학교 이전의 실과교실에서도 자주 진행했지만 내성천 부근의 시골길과 자전거 도로를 비교하며 타 보면서는 레저용 자전거나 스피드를 즐기는 자전거가 그 많은 시골길을 시멘트로 덮어 버려야 가능하다는 사실에 고개를 저었다. 그렇게 전국을 자전거만으로 일주할 수 있다는 자전거 전용 도로 전국 일주는 일찌감치 폐기한 꿈이 되었다.

대신 하자작업장학교의 몇몇 선배들처럼 몇 번인가 등하굣길을 자전거로 오가려고도 해 봤지만 목화학교 학생들이 워낙 멀리 사는 바람에 농사를 지으러 이동하는 농사용 생활 자전거가 되었다. 청년작업장에서 고심 중인 카고 바이크(수레나 수납 장치가 달린 짐 자전거)를 생활 자전거라고 부르면서 갱생 자전거들 또한 생활 자전거라고 불리게 되었고, 자연스럽게 생활 환경에 대한 질문으로 이어졌다. 학교가 위치한 영등포는 시골길도 없고 자전거 도로도 뚝뚝 끊겨 있다. 대신 영등포시장과 같은 전통 시장, 과일 시장 골목과 타임스퀘어, 빅마켓과 같은 대형 쇼핑몰, 그렇게까지 크진 않아도 비교적 붐비는 슈퍼마켓 등이 많다. 이런 상가나 공공시설의 주차장에 자전거 거치대를 두도록 캠페인을 하자든가, 차량 운전자들의 인식 개선을 위한 자전거 버스를 정기적으로 하자든가, 자전거 도로를 개선하자든가 하는 의견들이 제시되면서 하나하나 할 수 있는 것들의 목록을 만들기 시작했다. 그렇게 자전거 지도가 만들어졌고, 영등포구청에 민원을 내 보기도 한 것이다. 민원은 목화학교뿐 아니라, 교육청의 고교전환기실험학교인 오디세이학교 학생들과 같이 진행했다. 앞으로도 자전거 문화와 관련된 다양한 실천들은 오디세이학교와 같이 진행하게 될 것 같다.

학생들 입장에서는 목화학교가 만들어진 지 얼마 되지 않았기 때문에 처음으로 해 볼 수 있는 일들이 많았던 것 같다. 1490년경 레오나르도 다 빈치가 그렸던 자전거 스케치와 베어링 설계도들에서 코펜하겐과 같은 자전거 도시가 탄생하기까지 긴 역사의 흐름을 따라 깊이와 진지함을 가지고 숙성시켜야 할 생각과 실천들의 목록은 여전히 많이 남아 있다.

목화학교의 학생들은 일주일에 두 번씩 자전거를 타고 하자센터에서 30~40분 거리에 있는 목화밭엘 다녔다. 이들에게 자전거는 농사지으러 이동하는 농사용 생활 자전거가 되었다.

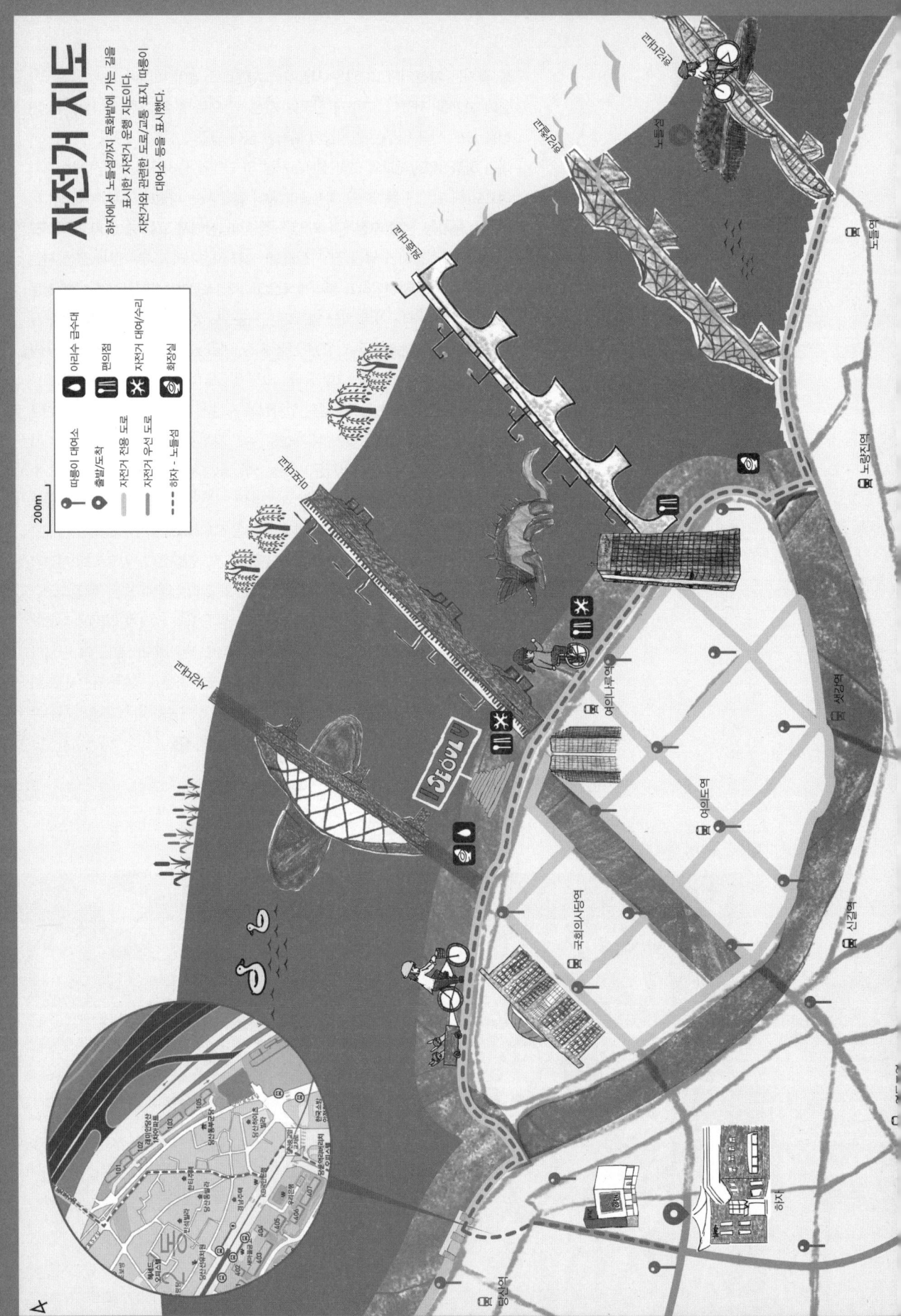

도시에서 안전하고 품위 있게 자전거 타기

문화학교와 오대세아학교의 학생들이 모여서 자전거를 타기 전 점검해야 할 사항, 안전하게 타는 방법 작은 안내문을 만들었다.

자전거는 내가 페달을 밟는 만큼 나아가고 다른 교통수단보다 환경에 미치는 영향이 적어요. 에어컨 대신 시원한 바람을 느끼고 히터 대신 땀 흘리며 자전거 타보세요. 지구의 운명을 놓이는 화석 연료 사용을 줄이고 나와 지구의 건강도 챙길거요!

"자전거 도시는 푸른 지구를 위한 첫걸음"

타기 전 ABC 확인

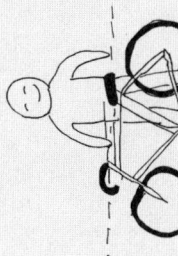

타이어를 손으로 꾹 눌렀을 때 1cm 이상 들어가면 수리하기

브레이크가 잘 작동하는지 확인하기

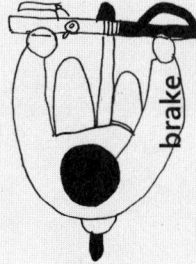

체인이 잘 돌아가는지 돌려 보기

안장은 자전거 옆에 서서 자신의 골반 높이에 맞게 조절하기

주행 중

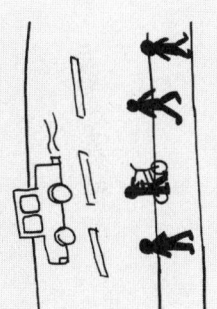

자전거도 차! 오른쪽 차선에서 당당하게 한 줄로 타기

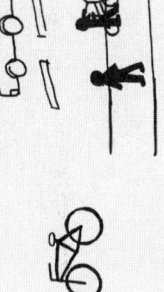

역주행은 NO~ 자동차와 같은 방향으로 타기

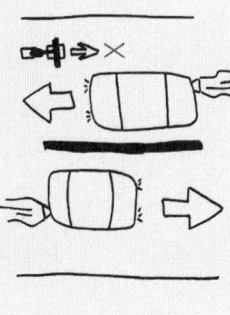

자전거와 자전거의 사이는 3m 이상 안전거리 유지

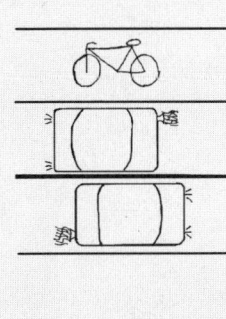

인도와 횡단보도에선 보행자 우선 내려서 걷기

내릴 땐

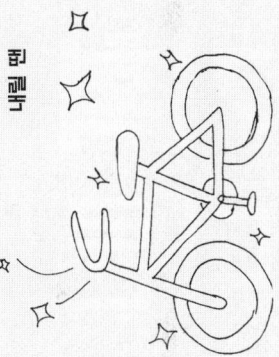

반짝반짝 빛나는 우리 자전거

음악을 내려서~

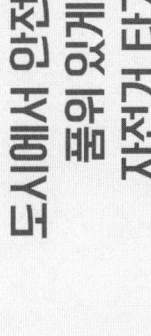

두 손은 핸들 위에

기획
다른 농사의 기술

'입식 농법'을 위한 농기구 혁명 _ 정종훈

수동 이앙기를 만들고 나서 _ 강신호

자립적 소농을 위한 꼼지락 적정기술 농기구 _ 이승석

드럼통 회전 퇴비 화장실 제작기 _ 와타나베 아키히코

기획 다른 농사의 기술

'입식 농법'을 위한 농기구 혁명

정종훈 난로공작소 dasaneng773@naver.com
경기도 안산 반월공단에서 '난로공작소'를 경영하며 고효율 난로와 서서 쓰는 농기구를 개발 보급하고 있다.

우리 농업의 역사는 경운기와 비닐의 출현으로 단절되고 획일화되었다. 1960년대 경운기로 대표되는 기계화 농법이 도입되어 밭 갈고 씨 뿌리고 수확하는 과정을 인력에서 기계로 대체하게 되면서, 한반도에서 농사를 짓기 시작할 때부터 쓰이고 발전해 온 농기구들이 외면당했다. 1980년대부터는 화학 비료의 영향으로 대책 없이 무성하게 자라는 잡초를 제거할 목적으로, 유해한 제초제 대신 '친환경'이란 미명하에 검은 비닐로 밭의 대부분을 덮는 전대미문의 농법이 탄생하게 된 것이다. 이로 인해 그나마 존재하던 우리의 토종 농기구들은 완전히 자취를 감추고 그 자리를 조악한 중국제가 대신하게 된다.

작금의 농촌 현실은 어떠한가?

경치 좋고 공기 맑은 데 살면 뭐하나? 호미 하나로 평생 허리도 못 펴고 쭈그려 앉아 농사짓느라 무릎이며 허리가 꺾이고 뒤틀린 몸이 된 것을……. 농촌의 원주민들은 노령화되어 전업농이 줄어드는 반면, 낭만으로 가득 찬 전원생활의 꿈을 꾸는 귀농, 귀촌 인구가 폭발적으로 유입되었다. 이들은 농사를 업으로 한다기보다는 전원생활의 여유를 만끽하며 자신들의 먹거리를 해결할 정도의 텃밭을 가꾸려는 사람들이 대부분이다. 그들은 농사를 위해 동력 장치가 달린 농기계를 쓸 필요까지는 없겠지만 익숙지 않은 호미나 괭이, 삽만으로는 농사가 쉽지 않기도 하다. 태평 농법, 무관심 농법, 무경운 농법 등 환경 훼손을 최소화하고 자연과 가까운 농법들이 소개되고 있지만, 대안으로 자리 잡기는 어려워 보인다.

농사에 관한 생각을 가히 혁명적으로 바꾸어야 한다. 앉아서 호미로 짓는 농사를 '좌식 농법'이라 규정하고 이에 반하

김준권 님 등이 입식 농법 농기구를 들고 있다.

는 서서 하는 농사를 '입식 농법'이라 이름한다. 이 땅에서 농업이 시작될 때부터 이어져 왔을 '좌식 농법'을 쉽게 바꿀 수는 없을 것이다. 우리보다 먼저 '입식 농법'을 해 온 서구의 농업 기술과 농기구를 답습하는 것이 좋겠다는 판단이다.

입식 농법을 위한 농기구를 소개하는 것은 내가 처음은 아니다. 포천에서 평화나무농장을 운영하며 생명 역동 농법이라는 농사법을 보급하는 심준권 님이 번서다. 그가 1991년 도농 교환 프로그램으로 스위스에 가서 1년간 그곳 농장에 있

딸깍이
긁쟁이
풀밀어

었는데, 그곳에서는 서서 사용하는 농기구들이 우리의 호미처럼 널리 보급되어 있었다. 호미는 쭈그려서 하루 종일 밭을 매려 해도 오랫동안 작업할 수가 없어 한계가 있는데, 서서 사용하는 농기구는 한 번씩 밀면 쉽게 일을 할 수가 있다. 김준권 님은 그곳에서 세 가지 도구를 그대로 가지고 와서 가톨릭 농민 단체인 '정농회'를 통해 농사짓는 사람들한테 나누어 준 것이다. 이는 후일 귀농운동본부를 통해 풀밀어, 딸깍이, 긁쟁이란 이름으로 지금에도 이어지고 있다.

농기구와 나의 인연은 이렇게 시작됐다. 나이 오십이 되고 보니 시골 생활에 대한 동경이 눈덩이처럼 커져 귀농할 생각을 했었다. 서울에서 자라 농사라는 것은 전혀 모르고 시골에는 연고도 없고 바늘 꽂을 만큼의 땅도 없던 내가 생각한 것은, 이제껏 사는 동안 쌓은 경험과 능력으로 시골에서 필요한 것을 만들어서 농부가 땀 흘려 지은 작물과 바꾸며 살아 보자는 것이었다. 그것이 직접 농사짓는 것만큼이나 보람된 일로 여겨졌다.

농부가 밭에 씨를 심고 가꾸어 작물을 거두듯이 농기구는 내 농사의 수확물인 것이다. 내 손으로 만들어진 농기구는 농부의 손에서 다듬어지고 익숙해질 때 비로소 존재한다. 농기구는 내게 사람들과 소통하고 교감하는 과정 자체인 것이다. 이는 이 땅에서 사라진 농업의 역사를 발굴하고 복원하는 작업이기도 하다. 쟁쇠, 삽쇠, 선호미, 바퀴호미, 북호미, 여우호미, 긁쟁이, 써레 등 이름에서부터 옛 농

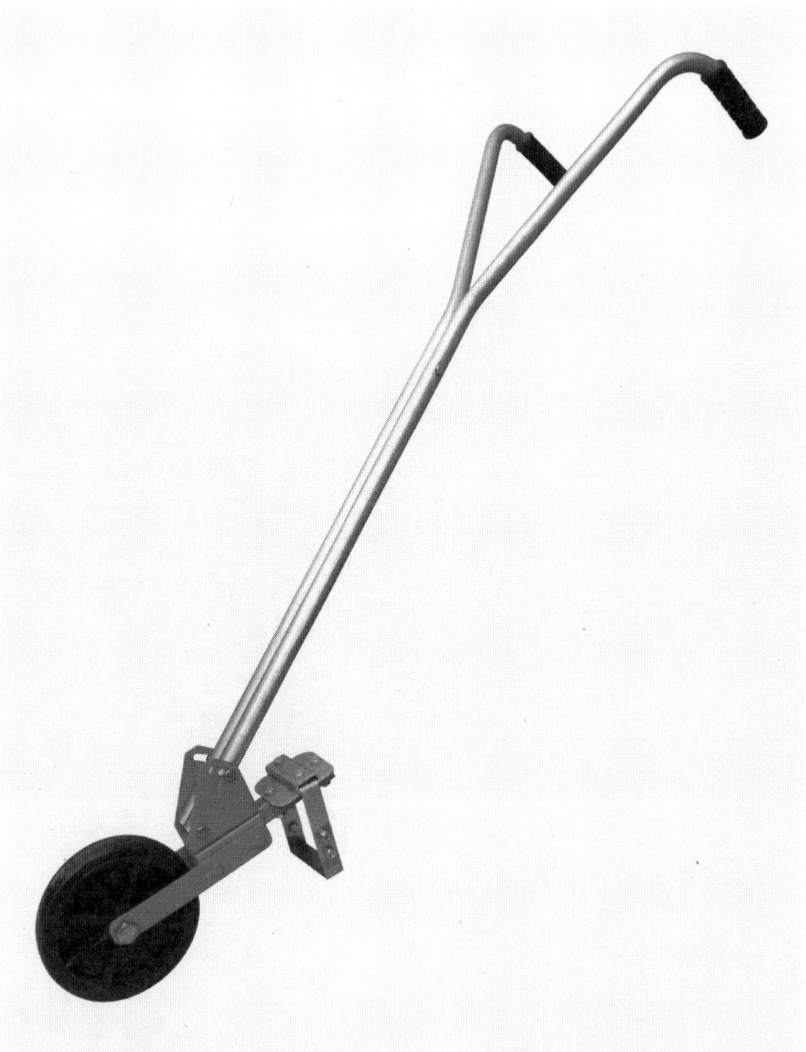

바퀴호미.

바퀴호미에 굵쟁이를 부착한 것

바퀴호미에 제초날을 부착한 것

바퀴호미에 써레를 부착한 것

바퀴호미에 제비꼬리날을 부착한 것

작물이나 돌을 캐는 용도의 삽쇠(왼쪽)와 밭갈이용 쟁쇠(오른쪽).

선호미

89

여우호미

북호미

쟁쇠와 삽쇠 등을 이용해 농사를 체험하는 모습.

기구의 자취를 부여하고자 했다.

나는 '러시아나 미국 등 광활한 대지에서는 무엇으로 농사를 지을까' 하는 생각에서 그들의 농기구를 답습하고 개발하였다. 김준권 선생이나 귀농운동본부를 통하여 소개된 과정과는 근원을 달리하지만 나보다 수십 년 먼저 같은 생각과 실천을 한 이들이 있었다는 것에 존경을 표한다.

나는 농기구를 개발할 때, 서서 하되 동력을 사용하지 않고 사람의 힘으로 최대한의 작업 효과를 이끌어 내는 것을 핵심으로 삼았다. 따라서 작업자의 수고로움을 전제로 한다.

이제까지 내가 개발한 농기구들은 지렛대를 이용한 쟁쇠, 삽쇠, 바퀴가 달린 바퀴호미, 잡초를 뿌리까지 제거하지 않고 생장점을 잘라 더 이상 자라지 않도록 하는 선호미, 쉽게 북을 주거나 두둑을 만드는 북호미, 감자와 고구마 등을 상처 없이 쉽게 수확하고 파종할 시 골을 내거나 흙을 덮는 등 다용도로 사용 가능한 여우호미 등이다.

농기구는 인류가 농사를 짓기 시작한 이래로 만들어지고 발전되어 온 것이다. 누군가에 의해 획기적인 기구가 만들어졌다 해도 개인의 창작품이라고 할 수는 없다고 생각한다. 농민들을 위해 이러한 농기구들이 다양하게 만들어지고 활발하게 확산, 보급되는 것을 소망한다.

기획 다른 농사의 기술

수동 이앙기를 만들고 나서

강신호 대안에너지기술연구소 gtmemb@hanmail.net

산티학교 교실 세 칸을 빌려 연구소와 실험실을 만들어 대안에너지를 연구하고 장치들을 개발해 전국 지자체에 보급하고 있다. 열병합발전소에 쓰이는 가스터빈 연구를 기반으로 풍력발전, 태양광발전, 소수력발전, 바이오디젤, 바이오매스 등을 연구한다.

수동 이앙기라는 것도 있어?

유튜브에 "Manual Rice Transplanter"라고 입력하면 순식간에 수동 이앙기 영상들이 화면을 채운다. 상업용 제품을 소개하는 영상이 대부분이지만 가끔씩 3D 시뮬레이션 영상도 눈에 띈다. 쌀이 주식인 아시아가 배경인 것은 놀랍지 않으나, 같은 아시아권이면서도 우리나라 제품을 구경조차 할 수 없다는 점이 의아하다.

영상에서 보이는 수동 이앙기의 성능이나 구조는 놀라울 정도다. 주로 중국이나 아시아 국가에서 만든 영상들이다. 혼자서 뒷걸음치며 이앙기를 잡아끌면 철컥철컥 하면서 모를 트레이로부터 끌어내리고 심기를 반복한다. 끌면서 체인을

❶ plus.google.com/
 +JayaMandiriTeknik
 Trading

소농을 위한 수동 이앙기 ❶

한국에서 개발되어 해외로 보급한 보행식 기계 이앙기.

돌리는 형식으로는 2열 모내기를 할 수 있고, 레버를 위아래로 움직이는 형식은 4열로 모를 심을 수 있는 모델이다. 누가 처음 고안해 냈을까? 왜 우리나라에는 도입되지 않았을까? 궁금하지 않을 수 없다. 2015년 4월이던가. 몇몇 적정기술 활동가들이 '적정기술 농기계를 만들어 보자'는 취지의 모임을 가진 적이 있다. 과거든 현재든 농기계를 만들어 보았거나 만들고 있는 사람들 위주로 모인 자리였다. 이 자리에서 유튜브의 수동 이앙기가 거론되면서, 우리 농촌에도 유용할 거라는 의견이 모아졌다. 영상 속의 수동 이앙기는 손으로 끌고 돌려야 한다는 점만 빼면 기계 이앙기를 대체할 수 있을 만큼 매력적으로 다가왔다. 이때부터 수동 이앙기가 언젠가 적정기술 농기계 개발 아이템으로 시도해 봐야 할 첫 번째 항목이 되었다.

우리나라만 뺀 아시아 국가들이 쓰는 이앙기

인터넷에서 볼 수 있는 수동 이앙기들은 중국과 태국, 베트남, 미얀마 등지에서 생산된 것들이다. 하지만 현재의 수동 이앙기의 원조는 1960년대에 출시된 일본식 수동 이앙기라 한다. 이후 1970년대와 1980년대의 혁신적인 개선을 거쳐 완성된 수동 이앙기는 복잡한 4절 링크와 체인 또는 회전 바퀴, 그리고 벼 모종을 담기 위한 트레이, 물 위를 잘 미끄러지게 하기 위한 스키드 같은 부품들로 구성되어 있다. 수동 이앙기의 구동력은 인력이다. 팔과 다리를 이용하여 이앙기의 손잡이를 끌고 돌려야 한다. 사람이 탑승하지 않지만, 엔진이 바퀴를 돌려서 나아가게 하는 보행식 기계 이앙기와는 확연히 구분이 된다. 중국을 비롯한 아시아권에서 수동 이앙기가 명맥을 이어 오고 있는데, 왜 유독 우리나라만 수동 이앙기를

중국제 수동 이앙기의 주요 구성부와 기능 ❷

(labels: 돌리는 핸들, 끄는 핸들, 트레이, 트레이 흔드는 장치, 심는 집게, 모종 꺼내는 집게, 스키드)

❷ www.payodacorp.com/products/manual-rice-transplanter

멀리하게 된 걸까?

그 이유를 찾다가 아이러니하게도 외국의 자료에서 답을 얻게 되었다. 소농을 위한 농사 도구 안내서인 〈Small farm equipment for developing countries〉에 따르면, 그 이유는 우리나라의 경제 개발이 전개된 과정과 밀접한 관련이 있다. 1960~1970년대 경제 개발 5개년 계획이 진행되는 동안 공업 경제가 급속히 팽창하면서 대량의 일자리가 제공되었다. 그 결과 임금 노동자의 고용이 늘어난 반면, 농업 인구는 급속히 감소하게 되었다. 1960년 대비 1984년의 전체 인구는 62.6% 증가했음에도 불구하고 농업 종사자는 38.1% 감소했다. 그럼에도 여전히 농업 생산은 중요했기 때문에 정부는 이를 영농 기계화 사업으로 만회하려 했다.

짧은 기간에 외국의 공장에서 만들어진 농기구들이 농촌에 보급되었다. 여기에는 일본의 수동 이앙기와 기계식 이앙기 모델도 포함되었다. 우리나라의 전통 농업용 도구와 연장은 제대로 된 근대화 과정을 거치지 못하고 외국의 모델로 대체되면서 서서히 자취를 감추게 되었다.

이앙기의 경우, 2차 세계대전 이후 아시아 지역 국가들에서 수동 이앙기를 활용하면서 1980년대부터는 동력 이앙기와 함께 오늘날까지 다양한 개발 과정이 이어졌다. 중국의 예를 보면, 1979~1980년에 소개된 일본제 수동 이앙기가 동북부 지역의 벼농사에 적합한 것으로 알려지면서 널리 확산되었다. 필리핀의 경우 중국과 일본의 이앙기를 토대로 1977년에 개발하였다. 미얀마도 필리핀의 이앙기를 재설계하여 지역에 맞는 이앙기를 개발하였다. 반면 우리나라에서는 당시 농업기계화연구소 주도로 1967년 이후부터 영국과 일본의 수동 이앙기를 개조하여 시험 과정을 거쳤으나 호응을 얻지 못

했고, 이후 엔진이 장착된 기계 이앙기의 국산화 개발과 보급 정책으로 빠르게 전환하였다.

수동 이앙기의 주요 장치들

이앙기가 제대로 작동하기 위해서는 몇 가지 동작 제어가 필요하다. 모종 집게를 여는 것, 트레이로부터 모종을 집는 것, 토양 안에 모종을 넣는 것, 심겨진 모종으로부터 기구를 빼는 것이다. 제대로 제어하기 위해서는 복잡한 링크절 구조가 필요하다. 좀 더 단순화한 것으로는 2가지 작동 모션으로 재설계한 필리핀 모델인데, 핸들을 아래로 누르면 트레이로부터 3~7개 모종을 집어 토양에 심고, 위로 올리면 심어진 모종으로부터 기구를 빼낸다. 최근에 나오는 중국제 2열 수동 이앙기는 회전 바퀴가 있어서 논바닥과의 마찰력으로 바퀴가 돌면서 회전력을 얻어 링크 장치를 가동한다. 하지만 물이 많은 논에서는 헛돌 수가 있으므로, 이를 크랭크 체인으로 대체한 것들이 많이 나온다. 이 경우 심어지는 모의 간격은 체인을 돌리는 회전수와 뒷걸음질 치는 속도에 좌우된다.

개발 과정과 현장 검증

수동 이앙기를 개발하기로 마음먹고 디자인과 제작하기에 몰입해서 이앙기 한 대를 만들기까지 대략 2개월 정도 소요되었다. 중국이나 동남아에서 유통되고 있는 상업용 이앙기와는 링크 장치를 다르게 디자인하였다. 4절 링크 장치는 같지만, 모종 집게의 궤적이 모를 심고 빠져나올 때 이앙기의 나아가려는 움직임에 맞춰지도록 설계하였다. 그렇지만 중국제처럼 모종을 트레이에서 빼내는 집게, 이를 받아서 심어 주는 집게로 이원화하는 것은 좀 더 경험을 쌓은 뒤 필요 여부를 판단하기로 했다.

링크 장치의 설계를 위해서 시뮬레이션 프로그램이 필요했다. 이는 인터넷 사이

완성된 이앙기의 잔디밭에서의 주행 시험

모내기 현장에서의 이앙기 시험

트에서 무료 프로그램인 Linkage3.0을 다운받아 사용했다. 물과의 접촉을 피할 수 없다는 점을 고려하여 스테인리스 스틸 304종의 각 파이프와 환봉, 볼트, 너트 등을 주로 사용하였고, 자전거 페달과 체인을 개조해서 완성하였다.

만든 이앙기가 실제 무논에서 잘 작동되는지를 확인하기 위해 때마침 준비 중인 희양산공동체의 공동 모내기 일정에 맞추었다. 희양산공동체는 경북 문경 가은읍에 있는 귀농인 마을인데, 작목반을 운영하면서 우렁이 쌀농사를 짓고 생산된 농산물을 직거래한다. 가져간 이앙기를 맘껏 시험 가동해 보라며 아예 작은 논 하나를 내어 주신 그분들과 이런저런 이야기를 나누면서, 내 이앙기가 국내 현실과 많이 동떨어져 있다는 것을 실감하게 되었다.

우선 우리나라 모내기는 대부분 기계 이앙기에 초점이 맞춰져 있다. 그래서 벼 모종도 기계 이앙기에 맞게 모판에 촘촘하게 심고, 너무 자라지 않도록 관리한다. 전통식 육묘법으로 키워진 모종과는 아예 다르다. 기계용으로 재배된 어리고 촘촘한 모를 일일이 손으로 분리하여 수동 이앙기로 옮겨야 하는 걸 좋아할 사람은 없을 것이다.

논바닥의 문제도 있다. 한국의 논은 대부분 오랫동안 논으로만 경작해 오던 터라 수십 년 동안 논바닥은 콤바인 같은 기계로 다져져서 30cm 정도 아래로 단단한 층이 형성되어 있다. 과장하면 논흙에 발이 빠지는 깊이가 30cm나 되는 것이다. 이와는 달리 이모작 삼모작 벼농사가 가능한 동남아의 논은 밭에서 논으로, 논에서 밭으로 용도를 주기적으로 변경한다. 그래야만 연작으로 인해 소실된 지력을 회복할 수 있기 때문이다. 그래서 진흙층의 깊이가 얕아 이앙기를 끌면서 자유롭게 뒷걸음질 칠 수 있을 정도이다. 이런 차이가 수동 이앙기의 활용성을 좌우한다는 결론을 내렸다. 즉 유튜브에서 보았던 2열형 체인식 수동 이앙기는 우리나라 벼농사 실정에 맞추기가 어렵다. 아예 수동 이앙기를 쓸 요량으로, 벼 모종을 키우고 논을 관리하지 않는 한 말이다. 지역마다 미세한 편차가 있을진 모르겠지만, 디자인 이전에 용도 자체를 국내 농사 문화에 맞게 "적정화"해야 하는 과제를 만난 셈이다.

그렇다고 대안이 없는 것은 아니다. 또 꼭 필요한 것이 무엇인지도 귀담아 들었다. 내년 모내기 때, 한 걸음 더 향상된 기술과 장치로 다시 그곳을 방문하기로 한다.

기획 다른 농사의 기술

자립적 소농을 위한
꼼지락 적정기술 농기구

이승석 꼼지락예산적정기술협동조합 hatvitchon@hanmail.net
농부이자 대장장이. 충남 예산에서 적정기술 농기구 전문 협동조합인 '꼼지락' 운영 중. 충남적정기술연합회장.

농사 10년에 내게 남은 건

내가 짓는 농사는 먹자는 농사다. 논은 한 마지기 반, 밭이래야 200평이 채 되지 않는다. 팔자고 들면 한심스러울 만큼 푼돈에 불과하지만 먹자고 들면 차고 넘친다. 먹고 남는 것은 바꾸어 먹거나 나눠 먹는다.

지난 1997년, 예산으로 귀농했을 때 내 농사의 규모는 3,000평이 조금 넘었다. 농약 근처만 가도 몸이 경기를 일으키는 터라 어쩔 수 없이(?) 유기농의 길로 접어들었지만 초보 농사꾼이 감당하기에는 역부족이었다. 당시만 해도 팔팔한 30대라 이것저것 욕심을 부려 시도해 보았지만 농사 10년에 내게 남은 건 빚과 무너진 몸뿐이었다.

2007년 일하다 쓰러져 병원에 실려 가고, 훈장처럼 세 가지의 병을 얻었다. 디스크, 녹내장, 폐결핵……. 의사는 수술하지 않으면 정상적인 사회생활은 어렵다 했고, 녹내장은 이미 너무 진행되어 실명을 대비하라는 진단을 내렸다. 억울했고 또 고민스러웠다. 땅과 사람에게 모두 좋은 먹거리를 생산하면서 왜 정작 내 몸은 살피지 못했을까! 무엇을 잘못했을까! 모든 것이 혼란스러웠다.

꼼지락예산적정기술협동조합

우연히 익힌 몸살림운동을 통해 내 병을 치료하고, 마을의 돌팔이 주치의 노릇을 하면서도 새로운 농업 방식에 대한 고민이 늘 따라다녔다. 농사의 규모를 500평 이하로 줄이고 생활의 많은 부분을 자급 중심으로 바꿨다. 씀씀이도 크게 줄였다. 그래도 태생이 게으른 탓인지 풀 농사만은 어쩌지 못하고 동네 어르신들의 지청구를 자주 들어야만 했다.

해남에서 '철든사람들'이라는 대장간 워크숍이 열린다는 소식을 듣고 동네 형과 함께 참여했다. 그 단단한 쇠가 불을 만나 부드러워지고 내가 원하는 모양으로 바꿀 수 있게 된다는 게 참으로 신기했다. 그날 나는 또 다른 세상을 경험했다. 워크숍에서 돌아와 마을과 지역의 지인들과 논의를 거쳐 내가 사는 산속의 거처한 귀퉁이에 대장간을 지었다. 아홉 명이 조금씩 돈을 내서 기초적인 장비를 마련하고, 내친 김에 협동조합까지 만들었다. 이름은 '꼼지락예산적정기술협동조합'이라 지었다. 꼼지락거리면서 함께 즐겁게 살아 보자는 뜻이다. 그래서 꼼지락의 '락'은 즐거울 락樂이다.

대장간에서 무엇을 만들지를 두고 많은 이야기를 나누었고 참여자의 다수가 농부인 관계로 대세에 따라 농기구, 그것도 적정기술을 활용한 농기구를 만들기로 했다. 화석 연료를 쓰지 않고, 농부의 인체를 고려하고, 작업의 효율까지 높인 적정기술 농기구!

이것이 바로 대한민국 최초, 유일의 적정기술 농기구 전문 협동조합, 꼼지락의 숨겨진 탄생 비화(?)다.

해외로 눈을 돌려

생각만큼 쉽지 않았다. 이 땅에서 적정기술 농기구를 만든다는 것은. 우리 사회는 세계적으로 유례가 드물 만큼 매우 급격한 산업화 과정을 겪었다. 농업 역시 빠르게 전통적인 농업에서 기계화 농업으로 바뀌었다. 그 과정에서 농기구 분야에서의 중간/적정기술은 아예 설 자리를 잃어버렸다. 노인들은 여전히 옛 호미로 김을 매고, 젊은이들은 기계가 없으면 농사를 짓지 못한다. 오랜 농업 노동의 결과 노인들의 몸은 휘어지고 굽어 버렸다. 조선대 의대 팀의 연구에 의하면 농부들의 80.5%가 근골격계 질환을 앓고 있다고 한다. 굳이 통계가 아니더라도 내 주변을 보면 온통 환자 천지다. 그걸 보고 자랐기 때문일까? 젊은이들은 땡빚을 내서라도 기계를 장만한다. 우리는 이미 농업에서 OECD 국가들의 평균 37배에 달하는 고에너지를 사용하는 국가가 되어 버렸다.

해외로 눈을 돌렸다. 다행스럽게 그곳에서는 다양한 사례들을 접할 수 있었다. 미국과 일본, 유럽에서는 전통적 가드닝 농업과 도시 농업을 바탕으로 세련되고 다양한 방식의 입식 적정기술 농기구가 생산되고 있었고, 아직 기계화가 덜 진행된 러시아, 중국, 인도, 동남아에서는 다소 조잡하지만 실용성이 큰 농기구들이 실제 농사 현장에서 폭넓게 이용되고 있었다. 특히 러시아는 국가의 정책적 지원 아래, 다양한 형태의 농기구 자작 그룹이 활동하고 있었고, 이들이 생산한 다양한 적정기술 농기구가 실제 농업 현장에서 사용되고 있는 것을 확인할 수 있었다.

꼼지락에서 제작, 보급하고 있는 농기구들은 모두 러시아에서 개발된 것들을 그 원형으로 하고 있다. 이모작, 삼모작이 가능한 더운 동남아 지역의 농기구들은 농업 방식과 토질, 기후 조건 등이 우리와 많이 달라 그대로 적용하기가 쉽지 않았다. 반면 러시아의 춥고, 건조하고, 척박한 농업 환경은 우리와 유사한 부분이 매우 많다. 2015년부터 꼼지락이 개발, 보급하고 있는 3종의 적정기술 농기구들의 개발 후기, 용도와 특징, 사용법 등을 간단하게 적어 보고자 한다.

수동 쟁기

2016년부터 불가피한 부분을 제외하고 500여 평 논/밭농사 대부분을 적정기술 농기구만으로 지어 보기로 결심하고 실천 중이다. 농사의 시작인 땅 갈아 주기에서부터 어려움에 부딪혔다. 자연 재배에서는 아예 경운을 하지 않는다지만, 아직 경험도 없고 땅심도 부족해서 갈아 주기는 해야 했다. 하지만 훈련된 소나 말이 있는 것도 아니고 500여 평의 논과 밭을 삽으로 갈기는 엄두가 나지 않고 해서 러시아에서 많이 사용하는 수동 쟁기를 직접 제작했다.

제작 원리는 간단하다. 삽의 역할을 하는 위 쟁기와 지렛대 역할을 하는 아래 쟁기를 경첩을 이용해 연결하고 위 쟁기를 땅에 박은 후 아래로 내려주면, 두 쟁기 날이 X자형으로 교차하면서 흙을 잘게 부숴 준다. 재료는 주변에서 쉽게 구할 수 있는 파이프, 앵글, 철근 등을 활용했다. 그리고 쟁기 날은 쉽게 부러지거나 휘어지지 않도록 꼼지락 대장간에서 단조 작업을 해 주었다.

국내에서 이동의 편리성을 고려해 가볍게 만든 몇 가지 모델이 시판되고 있지만 그런 것들은 땅속 깊이 박히는 힘이 약하다. 그래서 우리는 오히려 약간 무게를 주었다. 어차피 밭에서는 끌면서 이동하기 때문에 그리 많은 힘이 필요하지 않다. 그리고 땅에 박을 때 무릎에 가해지는 부하를 줄이기 위해 박히는 각도를 수직이 아닌 70도 정도가 되도록 설계했다. 실제로 200여 평의 밭에서 사용을 해 보니, 돌밭임에도 불구하고 크게 무리 없이 하루 만에 작업이 가능했다. 무엇보다 몸에 가해지는 부담이 매우 적었다. 또 이 수동 쟁기는 다른 용도로도 활용이 가능하다. 아래 쟁기의 날만 제거하면 고구마나 감자와, 마늘과 같은 뿌리 작물을 캐는 데도 매우 유용하다. 얼마 전에는 무주, 진안, 완주의 냉이 재배 농가들로부터 단체 제작 주문을 받았는데 이런 용도로도 활용이 가능할 듯하다.

스타형 입식 제초기

'잡초는 없다'고 한다지만 농부에게 제초는 피할 수 없는 숙제다. 이웃 밭의 할아버지는 이른 새벽부터 종일 호미로 풀을 캐내지만 나는 그럴 자신이 없다. 사실 적정기술 농기구를 개발하게 된 첫 동기가 '몸을 상하지 않고 좀 더 효율적인 제초기를 만들 수는 없을까?' 하는 필요성으로부터 출발했다.

스타형 제초기는 러시아에서 개발되어 유럽과 미국으로 확산된 제초기 모델이다. 사용자와 용도에 따라 1조식, 2조식도 있고 날의 개수도 3~10날까지 다양

수동 쟁기

스타형 입식 제초기

드럼형 입식 제초기

한 변형이 있다. 꿈지락이 만들어 보급하고 있는 제초기는 1조식, 4날형이다.

이 제초기는 주로 밭의 어린 풀들을 서서 제초하는 데 사용한다. 앞부분 별 모양의 날들은 바퀴의 역할을 하는 동시에 흙을 부수는 역할을 하고, 뒷부분의 날은 땅속 2cm를 파고 들어가 풀의 생장점 아래를 잘라 준다. 이렇게 잘린 풀들은 다시 살아나지 않는다.

바퀴형 제초기는 밀 때 힘을 주고 당길 때 힘을 풀어 주어야 한다. 이러한 방식은 당길 때 힘을 주는 바퀴형 아닌 제초기에 비해 손목과 어깨에 가해지는 부하가 1/4 수준으로 줄어든다. 또 밀 때는 짧게 툭툭 밀어 주어야 한다. 욕심을 내 길게 밀어 주면 풀이 앞날에 엉기기 쉽고, 또 시간이 흐를수록 작업의 효율 면에서도 떨어진다. 슈마허가 설립한 영국의 중간기술개발그룹 ITDG^{Intermediate Technology Development Group}의 보고서에 의하면 스타형 제초기의 1일 작업량은 약 0.2ha가 된다는데, 참 통계를 좋아하는 서양인들답다는 생각이 든다. 사람마다 밭마다 조건이 제각각일 테니 형편에 맞게 쓰면 될 일인데 말이다.

얼마 전에는 이 제초기를 논의 잡초 제거에도 응용해 보았는데 기대 이상의 효과가 있었다. 거꾸로 뒤집어 밀어 주면 잡초가 묻히고, 또 무게가 가벼워 한 번 지나가면서 여러 줄의 제초가 가능하다. 요즘은 이것을 조금 더 개선해서 2조식의 논 제초기를 개발해서 선보일 즐거운 상상을 하고 있다.

드럼형 입식 제초기

드럼형 제초기는 기본 원리와 사용법이 스타형 제초기와 동일하다. 단, 스타형 제초기가 밭두둑과 작물과 작물 사이의 제초에 용이하다면, 드럼형 제초기는 밭고랑의 잡초 제거에 적합하게 설계된 제초기다. 드럼 모양의 앞 날은 길이 20cm이고 약간 무게가 있어 밭고랑과 같은 평지에서는 보다 안정적으로 제초 작업을 할 수 있다. 역시 러시아에서 개발되었고 습한 토양보다는 건조한 토양에서 더욱 유용하다.

즐거운 상상

꼼지락협동조합에서는 위에 소개한 쟁기와 제초기뿐만 아니라 수동 이앙기, 입식 모종 이식기, 수동 두둑기, 바퀴형 수동 분무기, 벼 수확기, 페달을 이용한 탈곡기 등을 실험 중에 있거나 준비하고 있다. 언젠가 이 모든 것이 완성되면 적정기술 농기구 종합 세트를 보급하게 될 수 있을 것이다.

자립적 삶을 꿈꾸는 귀농의 현장에서, 도시 농업의 현장에서 이 모든 것이 활용될 수 있기를 꿈꾸고 기대한다. 더 나아가 농민들 스스로 농기구를 자작하는 문화가 만들어지기를 바란다. 재료의 구성을 간단하게 하고 디자인을 단순화하고자 노력하는 이유도 바로 여기에 있다. 주변에서 쉽게 구할 수 있는 재료들로 누구나 쉽게 만들어 쓸 수 있도록 제작법을 매뉴얼로 만들고 적정기술 농기구 자작 워크숍을 통해 기술 보급을 해 나가고자 한다.

2017년 가을쯤 꼼지락이 있는 이곳 예산의 산골 마을에서 아주 작은 규모의 적정기술 농기구 마을 축제를 구상하고 있다. 적정기술 농기구로 생산한 여러 가지 농산물로 음식을 만들어 서로 나누는 축제, 별도의 참가비 없이 자신이 생산한 농산물을 조금씩 가져와 적정기술 화덕에서는 감자와 고구마를 삶고, 흙 피자 화덕에서는 밀로 피자를 굽고, 오븐 난로에서는 빵과 쿠키를 굽고, 자신이 만들고 사용한 적정기술 농기구를 전시하고, 농사의 경험들을 나누고, 서로의 노고를 격려하고 감사를 나누는, 그런 축제. 상상만 해도 즐겁지 아니한가!

기획 다른 농사의 기술

드럼통 회전
퇴비 화장실 제작기

와타나베 아키히코 わたなべ あきひこ
야마나시현에 살고 있고 귀촌 전에는 조경 설계가로 활동했다. 생활기술자급자족실천가이며 농사와 집필, 적정기술 연구와 생활 적용을 계속하고 있다.
정리 김성원

드럼통 회전 퇴비 화장실의 구조는 이런 느낌입니다. 캐스터 회전 바퀴에 드럼통을 얹어서 그 자리에서 빙글빙글 회전하도록 만들었습니다. 친환경 건축 집단 '바람의숲'이 가설 전원으로 태양광 패널을 들여온 것이 발단이 되었습니다. 임시 화장실도 친환경으로 만들고 싶다는 생각을 하게 되어 야외 퇴비 화장실을 자가 제작하게 되었습니다. 아이디어의 기반은 우스이, 오카 씨 등 여러 사람이 고안하고 개량을 계속하고 있는 회전 음식물 쓰레기 퇴비화 처리기입니다. 이 비전력 음식물 쓰레기 처리기는 잘 섞이지 않는 부분이 없도록 바닥 부분이 곡면으로 되어 있습니다. 더불어 적절한 발효 조건을 알기 위해 온도계가 설치되

드럼통 회전 퇴비 화장실의 구조

뚜껑 열리는 방향을 고정하는 경첩

퇴비화 화장실의 포인트는 아무래도 수분 함량과 종이에 있는 듯합니다. 적당한 수분 함량과 산도를 유지하기 위해 음식물 쓰레기 투입을 조절하는 것이 중요합니다. 즉, 지나치게 습기가 많아지면 아무래도 나쁜 부패가 일어나고 악취가 발생합니다. 그래서 생각해 낸 것이 회전하는 대형 드럼통을 사용하는 방법입니다. 이것이라면 용량은 충분합니다. 드럼통을 이용하기로 생각한 것은 전례가 있었기 때문입니다. 드럼통으로 회전 음식물 쓰레기 처리기를 만들었을 때, 그 녀석은 꽤 상태가 좋았습니다. 드럼통 음식물 처리기는 드럼통만 있으면 됩니다. 상부 전체를 열 수 있는 뚜껑이 달린 드럼통에 음식물과 부엽토를 섞어 놓고 때때로 굴리면 퇴비가 됩니다. 이런 음식물 쓰레기 처리기는 정원 어디에 두어도 상관없지만, 화장실은 주위를 벽으로 둘러싸서 고정 설치해야 합니다. 그래서 드럼통을 그 자리에서 회전하도록 만들었습니다.

만드는 방법을 소개합니다. 우선 드럼통 측면을 잘라 투입 구멍을 만듭니다. 자를 때에는 전동 그라인더를 사용했습니다. 작업성이 좋고 곡선을 딸 때 자유롭게 사용할 수 있지만 위험한 도구입니다. 작업할 시 반드시 보안경을 써야 합니다. 잘라 낸 부분은 그대로 뚜껑으로 사용합니다. 한쪽 방향으로 열리도록 경첩으로 고정합니다. 사진처럼 경첩을 부착하면 뚜껑은 드럼통 안쪽으로만 열리고 밖으로는 열리지 않습니다. 이곳으로 대소변이 들어갑니다. 드럼통을 회전시키도록 드럼통 폭을 고려하여 캐스터 회전 바퀴를 굵은 침목에 부착합니다. 화장실이므로 청결감이 중요합니다. 드럼통은 녹이 생기기 시작했기 때문에 아몬드 브라운 색

드럼통을 설치하는 과정. 드럼통과 회전 바퀴가 부착된 침목의 방향에 주의한다.

플라스틱 좌변기를 드럼통 개구부에 맞춰 자르고, 받침대 역시 좌변기 모양에 맞춰 자른다.

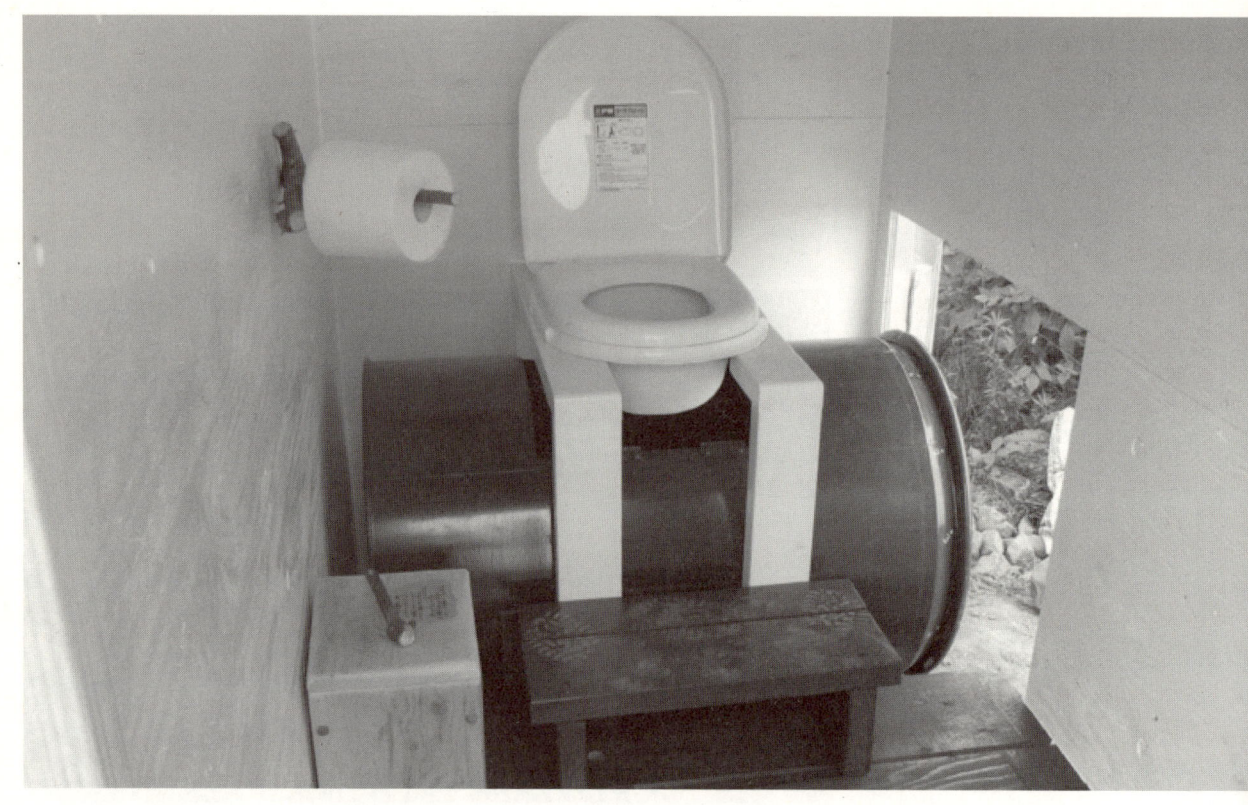

좌변기를 나무 받침대에 끼워 앉힌다. 앞에는 발 디딤대를 둔다.

상으로 칠을 합니다. 얼룩이 생겨도 눈에 띄지 않는 색입니다.

퇴비 화장실의 관건은 똥과 오줌을 어떻게 분리하는가에 달려 있습니다. 똥은 분해가 쉬워서 냄새도 비교적 빨리 없어질 수 있습니다. 오줌이 문제입니다. 소변에는 칼슘과 요소, 그리고 각종 유기물이 포함되어 있습니다. 이것들이 엉켜서 고형물을 생성합니다. 이 고형물이 부패하면 화장실 특유의 지독한 냄새가 납니다. 또 하나, 오줌은 퇴비 화장실의 습도를 올려 버립니다. 미생물 분해도 습도가 너무 높으면 부패 발효 작용으로 기울게 됩니다. 그 결과 상당한 악취가 날 수 있습니다. 그런 이유로 퇴비 화장실은 똥과 오줌을 분리하는 것이 중요한 포인트입니다. 다행히 드럼통 회전 화장실은 용량이 크기 때문에 그만큼 엄격하게 오줌과 똥을 나눌 필요가 없습니다. 그래도 적어도 남성의 오줌 정도는 나누고 싶었습니다. 그래서 작은 드럼통을 잘라 별도의 남성용 소변 통을 만들고 따로 두었습니다. 소변 통에는 왕겨와 부엽토를 적당히 넣습니다.

화장실 건물은 침목, 경량목구조용 구조목, 합판을 사용해서 만듭니다. 드럼통 뚜껑이 있는 쪽은 개방합니다. 드럼통 뚜껑을 열어 내용물을 꺼낼 수 있어야 합니다. 드럼통은 단지 캐스터 회전 바퀴에 실려 있을 뿐입니다. 드럼통 밑의 캐스터 회전 바퀴는 사진처럼 침목에 설치합니다. 큰 바퀴는 드럼통을 회전시키는 데 주로 사용하고, 작은 바퀴는 옆으로 어긋나지 않게 하는 용도입니다. 드럼통을 정회전 또는 역회전시켜서 드럼통 아래 놓여 있는 통에 드럼통의 내용물을 담을 수 있습니다.

다음은 변기 개조입니다. 야마자키 산업 휴대용 화장실 P형(2,980엔)을 사용합니다. 변기 모양에 맞춰 변기를 얹을 받침 판자를 잘라 줍니다. 변기 아랫부분은 드럼통 곡선에 맞게 그라인더를 써서 잘라 주어야 합니다. 주위로 똥이나 오줌이 흘러나가지 않도록 드럼통에 바짝 붙일 수 있게 잘라 주어야 합니다. 너무 느릿느릿 자르면 플라스틱이 열에 녹아 버릴 수 있습니다. 어느 정도 하다 보면 곡면을 자르는 것도 능숙해집니다. 이렇게 자른 플라스틱 좌변기를 나무로 된 받침대 위에 끼워 고정합니다.

화장실 내부 벽면은 흰색으로 칠합니다. 드럼통 안에는 진한 갈색의 피트모스 흙과 미생물 자재를 담을 예정이기 때문에 다소 유출이 되어도 눈에 띄지 않도록 바닥은 진한 갈색으로 칠합니다. 벽면의 흰색과 바닥 사이에는 유연성 있는 수용성 밀봉재로 밀봉합니다. 튜브에서 그대로 짜서 사용할 수 있는 밀봉재가 편리합니다. 이제 지붕을 씌우고 문을 달면 완성입니다.

※ 이 글은 와타나베 아키히코 씨의 허락을 받아 그의 블로그(d.hatena.ne.jp/musikusanouen)에 게재된 글을 기사 형식으로 정리하여 옮겼습니다. 가능하면 원문의 느낌을 살리되 제작하는 데 필수적인 부분을 취해서 요약하고, 본문에서 설명이 영상물로 대체되어 있는 부분은 이해를 돕기 위해 가필을 하였습니다.

좌담

적정기술은 ○○다
_ 동녘, 여우, 요비, 인다, 자베, 쥬디, 초

좌담

적정기술은 ○○다
하자작업장학교 청년과정, 적정기술을 묻다

때와 곳 2017년 1월 21일 하자센터 하자작업장학교 교실
참여한 사람들
동녘(박동녘) : 하자작업장학교 청년과정 1회 졸업생, 1월 제대
여우(배선희) : 하자작업장학교 청년과정 계절학기생, 서울대 자유전공학부 3학년 재학 중
요비(한주엽) : 하자작업장학교 청년과정 2회 졸업생, 지식순환협동조합 활동 중
인다(이현숙) : 하자작업장학교 청년과정 1학기 재학 중, 인권운동사랑방 활동가
자베(박소연) : 하자작업장학교 청년과정 2학기 재학 중, 대학 제품디자인전공 졸업
쥬디(강화경) : 하자작업장학교 청년과정 4학기 재학 중
초(김소라) : 하자작업장학교 청년과정 2학기 수료, 숙대 언론정보학과 2학년 재학 중, 용산녹색당원
기록 · 정리 강화경

적정기술? 전환기술?

쥬디　오늘 우리가 모인 이유는 하자작업장학교 청년과정에서 함께 참여해서 만들고 있는 적정기술 잡지 《삶의 기술》을 위해서입니다. 곧 1호가 나오는데 그 안에 하자작업장학교 청년과정 친구들이 적정기술, 삶의 기술에 대해 어떻게 생각하고 있는지 이야기를 모아 담아 보면 좋겠다고 생각했어요. 기술적이고 전문적인 내용보다는 그동안 우리가 만났던 적정기술에 대한 이야기를 자유롭게 나눠 보면 좋겠습니다.

요비　적정기술이란 개념은 청년과정에 들어와서 처음 듣게 되었어요. 우리 집은 경남 하동에 귀촌해서 펜션을 운영하고 있는데, 가족이라고 해 봐야 부모님과 저뿐이었기 때문에 모두가 같이 일을 해야 했어요. 그래서 무언가 문제가 생기거나 고장이 나도 스스로 할 줄 아는 게 많아야 해요. A/S센터가 가까이 있지 않아서 기사분을 부르는 것도 힘들고, 또 펜션 손님들을 위해서도 고장 난 채로 방치한다든가 그럴 수는 없는 노릇이거든요. 그래서 어렸을 때부터 자연스럽게 장작을 패고, 아궁이에 불 때고, 흙집을 짓고 하는 일들이 몸에 익어 있었어요. 그래서인지 적정기술을 알게 되면서 제가 했던 일들을 자연스럽게 다시 들여다보게 되었어요.

쥬디　몸으로 배운 일과 하자에 와서 알게 된 적정기술 사이에는 어떤 차이가 있을까요?

요비　졸업 에세이를 쓸 때, 그 문제를 좀 분명하게 정리해 보려고 했는데 되게 어려웠어요. 그 전에는 그저 필요하기 때문에, 혹은 살기 위해서 당연히 해야 했던 일들이지만, 그 일들 중에는 청년과정에서 적정기술을 배우려고 했던 방향 속에서 다시 고르고 걸러야 하는 일들이 있었고, 그게 어떤 건지 설명하고 싶었거든요. 사실 하자에 와서는, 워크숍이나 실습을 통해 어떤 기술을 배운 다음, 고등과정 학생들이나 다른 사람들에게 가르쳐 보는 식으로 기술을 익히는 과정을 반복하게 되었는데, 배우고 익히는 동안 기술적인 내용을 숙지하게 되는 것 외에는 차분히 내 언어로 그 기술들을 정리하는 시간을 갖지 못했던 것 같아요.
예를 들면 어떤 분은 도구부터 재료까지 자연 재료와 손 기술을 고집하면서 전동 공구를 사용하지 않기도 하시고, 어떤 분은 결과적으로, 그러니까 어떻게든 적은 비용과 쉬운 기술로 따뜻한 집을 지을 수 있어야 하지 않느냐는 질문을 하기도 하셨어요. 사실 아직도 저는 적정기술이 뭔지 잘 모르겠지만, 양극단의 중간쯤에서 그때그때 스스로 결정하고 선택해야 한다는 생각은 갖게 되었어요. 최대한 의식하면서 선택해야 하지만, 때로는 불가피할 수도 있다고 생각해요. 뭔가 '밀당' 하는 느낌이랄까……. 우리 힘으로 구할 수 있는 재료, 우리의 손 기술을 최대한 이용하지만, 결과를 만들어 내기 위해서 필요한 도움도 받을 수 있는 건 받는다 그런 정도의 생각인 거죠.

동녘 제가 적정기술에 대해서 배우기 시작했을 때는 전북 완주에 있는 전환기술사회적협동조합도 만들어지기 전이었는데, 그때는 이렇다 할 적정기술 네트워크가 없었던 것 같아요. 알음알음 알고 지내던 적정기술 선생님들이 작정하고 모임을 갖기 시작하던 때에 참여하게 된 것이었는데, 그때는 적정기술에 대해 별로 관심을 갖지 못했어요. 지금 생각해 보면 한국 적정기술의 역사에서 꽤 중요한 지형이 만들어지던 자리를 관찰한 거였는데, 그때는 보면서도 잘 몰랐던 것 같아요. (웃음)
그래도 당시 후쿠시마 핵발전소 사고가 있었고, 우리가 할 수 있는 게 있긴 한가 하면서 고민하던 때였기 때문에 적정기술이 가진 문제의식에 자연스럽게 공감할 수 있었어요. 핵발전소 사고에 대한 얘기를 나누면 핵발전을 거부하면 석기시대로 돌아가야 하는 것처럼 막연하게 느껴지고, 현재의 에너지 시스템에서 대안이 있을 수는 있는 건지 답답하다는 얘기들이 일반적이었거든요. 그래서 그때 적정기술에 대한 구체적인 고민까지 잘 따라가지는 못했어도, 고효율 난로나 바이오디젤을 만드는 실습에 참여하면서 적정기술이 가진 대안성이나 가능성에 대해 납득을 해 나가는 시간이 되었어요.

초 저는 하자작업장학교에서 하는 일들이 재밌어 보여서 왔어요. 그때 하자작업장학교에서 앞마당에 집을 짓는 '살림집' 프로젝트를 진행하고 있었는데, 그게 재밌어 보이기도 했고 '와, 내가 집도 지을 수 있겠구나' 하는 기대가 들더라고요. 그런데 들어와서 보니 하자에서 짓고 있는 '살림집'이 집이기도 하지만 적정기술의 플랫폼 같은 것이기도 해서 살림집 짓기를 통해 적정기술이 뭔지 하나씩 배우게 되는 시간이기도 했어요.
첫 번째 수업이 철수 님의 용접 워크숍이었는데 가스통을 잘라 로켓 스토브형 커피 로스터를 만드는 작업이었어요. 만든 후에 집에서 직접 원두도 볶고 그라인딩해서 커피도 내려 마시자고 하시면서. 철은 처음 접하는 재료였는데, 철수 님께서 설명을 단순하게 해 주셔서 부담을 줄이면서 참여할 수 있었어요. 녹인다 → 붙인다 → 이것이 용접! 이런 식으로. 단순하게 생각하니까 내 앞에 무언가 있으면 그것이 재료로 보이기 시작하고, 이것으로 무얼 만들면 좋을까 호기심이 발동하는 걸 느꼈죠.
저는 하자에서 배우는 적정기술은 전환기술이라는 표현이 더 맞는 것 같아요. 전에 흙

건축살림연구소의 김석균 선생님께서 적정기술이란 지구에 폐 끼치지 않는 재료들로 우리에게 필요하거나 만들고 싶은 것을 만드는 것이라고 하셨던 말씀이 기억에 남아요. 하자에서는 소비만 하지 말고 자급하는 기술을 갖추자면서, 일상, 전환, 이런 단어들을 많이 쓰잖아요. 적정기술을 영어로는 appropriate technology라고 하는데, 적정이라고 번역하기보다 전환이라고 하는 것이 더 적절한 게 아닌가 생각해요.

동녘   그렇죠. '적정'이란 단어에 갇히면 안 되는 것 같아요. 우리가 적정한 수준의 기술을 찾으려 노력하는 것은, 말하자면 전환의 의지인 거죠. 중앙 집중식 에너지 시스템, 의존하는 시스템으로부터 탈피하려는 것, 그런 상황을 바꾸려는 의지 같은. 그러면서 동시에 떠올랐던 것들이 전문가 해체주의랄까, 그러니까 시민 과학자나 마을 기술자의 등장과 같은 이슈예요. 적정이라는 단어는 기술 수준을 낮추는 문제이면서, 누군가를 소외시키지 않고 더 많은 사람들에게 활용될 수 있는 지식과 기술이어야 하지 않느냐는 원칙의 문제이기도 하다는 것이죠. 처음에는 쉽게 만들 수 있으면서 효율이 좋은 난로를 만들자고 시작했는데, 어느 순간엔가 난로 장인 개념이 등장해요. 저는 개인적으로 장인의 개념은 좋다고 생각해요. 자신의 기술을 계속해서 연마하고 어느 수준에 이른 사람이라는 의미에서요. 그렇지만 그렇다고 적정기술에서 좀 더 복잡한 난로, 어려운 기술이 적용된 난로를 만들어야 하는 건 아닌 것 같아요. 최근에 난로 경연대회를 보면 그런 느낌이 들어서 고민이 되기도 했어요. 흉내 내기도 엄두가 안 날 정도로 어려워 보였고, 그러면서 점점 전문가들에게 더 의존하는 기술이 되어 가는 것 같아서요. 초가 말하는 그런 호기심도 계속 유지하면서 쉽게 의욕을 낼 수 있는 그런 기술인 채로 있으려면 어떻게 되어야 하나 고민이에요.

여우   저는 여기 오기 전에 미국에 있었기 때문에 페이스북으로 한국의 적정기술 관련한 소식들을 접했는데, 그때 인상은 적정기술보다는 후쿠시마 팻말이 더 강한 느낌? 사실 적정기술은 하자보다는 대학에서 창업 아이디어나 혁신과 관련해서 먼저 접했는데 그저 끌고 다닐 수 있는 물통(Q-드럼)이나 라이프 스트로 Life Straw 같은 이미지를 떠올렸어요. 그런데 친구랑 하자에 들렀더니 농사나 집짓기와 연결해서 적정기술을 이야기하고 있어서 놀랐어요. 그렇지만 그때 청년과정에는 남자밖에 없었고, 친구랑 저 둘만 여자여서 여자가 저런 걸 할 수 있나 그런 생각을 많이 했어요. 그런데 다음에 왔더니 쥬디와 초가 나타나서 막 톱질하고 불꽃을 튀기며 용접을 하고 있더라고요. 그래서 '아, 나도 할 수 있겠구나' 하고 생각했어요. 그런 과정을 통해서 적정기술은 내가 할 수 있는 기술, 주변의 모든 것이 곧 재료가 되는 그런 기술이 되었어요.

요즘 대학에서 보내오는 메일에서 적정기술 콘퍼런스를 한다고 해서 재밌겠다 싶어 내용을 보면 아직도 라이프 스트로 등을 언급하면서 제3세계에 필요한 기술이라는 식으로 접근하더라고요.

자베 저는 이런 토론이 계속된다면 공적개발원조ODA : Official Development Assistance 에 관심 있는 청년들도 같이 이야기해 보면 좋겠다고 생각했어요. 원조를 위한 기술 보급에 중심이 있긴 하지만, 그쪽에서도 결국 적정기술에 대한 고민이 있다는 생각이 들고, 최근에 가 봤던 포럼들에서는 꼭 외국만이 아니라 국내 보급에도 관심이 있는 것 같았어요. 다만 비용을 낮추는 문제와 자생의 조건을 만드는 문제가 원조라는 관점에서 강조되고 있다는 점이 다르게 느껴졌다고 해야 할까요. 그 외에는 사실 같은 내용을 다루는 사람들이라는 생각이 들어요.

어디까지 적정기술일까

인다 최근에 갔던 적정기술 포럼에서 똥에 대한 발표가 참 재밌었어요. 울산의 한 대학 연구소에서 도시에서의 전환기술에 대한 연구를 하는 내용이었어요. 사실 변기의 똥을 에너지로 만드는 기술은 좀 하이테크로 보였는데, 똥이 중요하다기보다 똥은 모두가 평등하게 싸는 것이라는 사실에 중점을 둬서 그것을 재료로 에너지를 만들자고 생각했다는 거예요. 그래서 누구나 똥을 싸면 칩을 받을 수 있게 하고, 그 칩으로 커피를 사 먹을 수 있는 시스템을 만들었다는 발상이 신선했어요.

동녘 평등한 에너지라면 가장 대표적인 것이 태양에너지라고 생각해요. 청년과정에서 태양광 패널을 제작하는데, 여기에서도 하이테크에 대한 생각을 해 본 적이 있어요. 태양광 패널 제작을 배운 건 후쿠시마 지역의 엔지니어들이었어요. 그중 식물학자였던 분은 태양을 에너지로 바꿔 쓸 수 있는 건 식물들인데, 사람들이 그런 일을 해낸다는 게 재밌지 않냐고 하셨어요. 그리고 그때 가장 연세가 많았던 할아버지 엔지니어께서는 태양광 셀을 만드는 주 원료는 규소라고 하시면서, 규소는 모래에 제일 많고 그 재료를 가지고 셀을 만드는 기술은 하이테크라는 이야기를 하셨어요. 그러면서 친구들 중에는 규소가 왕겨에 많은 것을 알고 적정기술로 왕겨를 이용한 태양광 셀을 만들려고 실험하는 친구가 있다고 하셨어요. 그것이 성공하면 꼭 전수해 달라고 했더니 웃으시면서 왕겨는 퇴비나 여물 등 여러 쓰임새가 많은데 그냥 자연에 돌려주고 산업적 재료로 사용하지 않아도 좋지 않겠냐고 하시더라고요. 그리고 중국에서 계속 태양광 셀의 가격을 낮추는 기술을 개발하고 있으니 조금 기다려 보자는 말씀도 하셨고요. 왕겨를 다시 땅에 돌려주자는 말씀이 참 감명 깊었지만, 중국이나 특정 회사에 계속해서 기술 의존을 해야 하는 상황은 좀 난감하다는 생각이 들었어요. 생산지를 분산하는 것만큼 기술도 집중되는 현상을 피해야 하는 것 아닌가 하는 생각이 들어서 적정기술로 셀을 만들어 보고 싶다는 생각이 들었지요.

여우 비슷한 얘기가 될 수 있는데, 저는 하자작업장학교에서 태양광 패널을 만드는 방식을 보고서는, 원리를 이해 못 하면 그냥 조립하는 것뿐인데 그것이 적정기술일 수 있을까 생각한 적이 있어요.

동녘 그러니까 저도 적정기술이라고 지금은 생각 안 해요. 전환기술이라고는 할 수 있지 않을까 생각하기는 하지만요. 아마도 지금은 그저 태양광 셀을 패널에 유리로 코팅하는 압착 작업인 라미네이팅 기술 정도겠지요.

요비 저는 스스로 전기를 생산하는 과정에 참여하고, 그 에너지원이 태양이라는 점에서 적정기술이라고 불러도 괜찮지 않을까 생각했어요.

쥬디 그런 맥락을 보는 게 중요한 것이 아닐까요? 저는 하자에 오기 전에 경남 밀양과 경북 청도의 송전탑 투쟁 현장에서 지냈어요. 그러면서 왜 송전탑 같은 최첨단 기술 때문에 사람들이 고생하고 생명의 위협을 받아야 하나 하는 생각을 했어요. 그래서 혼자 책도 읽고 정보를 찾다가 적정기술이라는 개념을 처음 접하게 되었어요. 저는 태양광 패널 제작은 적정기술이라고 생각해요. 아직까지 비용도 많이 들고 하이테크의 기술이 필요한 작업이긴 하지만, 전환 과정에서 원자력이나 화력발전에만 의존하는 것보다는 낫다고 생각했어요. 물론 재생 가능 에너지도 생산 과정에서 주민들의 의견이 묵살되지 않도록 원칙을 정해야 할 거고요.

요비 일단 자기 기준을 잘 세우는 일, 그러면서 맥락을 살피는 일이 중요해지는 이유가 그래서인 것 같아요. 중앙 집중적 에너지 시스템이 아니라 지방 분산형, 자립형 에너지를 추구하는 내 마음을 어떻게 잘 지켜 갈 것인가 하는 그런 것? 그런 마음을 지키면서 적정기술의 대안을 찾고 싶은 거지요.

자베 저는 대학에서 제품 디자인을 전공했어요. 고등학교 때는 '나는 자동차 디자이너가 될 거야, 왜냐면 멋있으니까.' 매일 이랬거든요. 그런데 정작 대학에 와서는 '내가 도대체 이걸 왜 하고 싶지?' 고민하게 되더라고요. 아이디어 스케치를 가져가면 교수님들이 '너는 만약에 이게 백화점에 진열되어 있으면 둘 중에 어떤 걸 사고 싶어?' 이렇게 묻는 게 너무 싫은 거예요. 내가 누군가의 소비를 자꾸 조장하는 것 같고, 심하게 말하면 막 사람들을 후리는 것 같은 기분? 그러다가 《소외된 90%를 위한 디자인》이라는 책을 읽게 되면서 모든 사람이 평등하게 사용할 수 있고 그들에게 도움도 되는 그런 디자인이라는 개념이 좋았어요. 그러다가 하자작업장학교에서 디자이너 활의 강의도 듣고 김성원 선생님의 글도 읽게 되면서 적정기술에 대해서 생각해 보게 되었어요. 물론 처음부터 기술이라고 하면 너무 어려우니까, 활의 말처럼 모든 것이 공급되는 지금의 사회에서 공급되는 상품을 소비만 하지 않으려면 어떻게 해야 할까, 적정 디자인은 어떻게 할 수 있을까, 그런 고민으로 시작했어요.

인다 저는 하자작업장학교에 들어오기 전에는 적정기술이라는 단어도 몰랐고 전환마을 만들기라는 얘기도 들어 본 적이 없었어요. 그러다가 적정기술을 알고 나니 마음이 좀 편해졌어요. 하자에 오기 전에 밀양이나 강정에 있으면서 탈핵에 대한 얘기를 들으면 내가 할 수 있는 일이라는 게 탈핵과 예술을 연결하는 것이고, 그러자면 한예종이나 예대를 가야겠구나 그런 식으로 생각했거든요. 그러다가 하자작업장학교 입학 지원서를 쓰게 되었는데, 전환마을 만들기 영상을 보고 리뷰해 보라는 항목이 있었어요. 지금의 이상한 사회를 바꿀 수 있는 새로운 삶에 대한 꿈을 꾸는 전환마을들이 있다는 사실을 알게 되고, 전환이라는 단어도 배우게 되어서 정말 좋았지요. 저희 집이 농사를 짓고 과수원도 하는데, 내가 떠나오고 싶어 했던 농촌에 대해서도 다시 생각해 보게 되었고요. 적정기술을 통해서 농촌의 일상이 달라질 수 있다는 기대도 하게 되었고, 그 변화에 내가 기여할 수 있는 일도 있겠구나 그런 생각이 들어서 신나기도 해요. 그리고 그동안 저는 손으로 하는 일을 좋아한다고 생각하면서도 철을 다루거나 하는 일들을 해 본 적도 없고 할 수 없는 일이라 생각했는데 그건 그냥 기회가 없었기 때문이라는 것을 발견하게 되어서 정말 해방감이 느껴졌어요.

적정기술과 젠더

초 저는 대학에서 공연 동아리를 하는데, 우리 학교는 여대니까 여자애들이 일을 다 하거든요. 그런데 남자 배우를 다른 데서 섭외해서 데리고 오면 무대를 세울 때 드릴은 꼭 남자애들한테만 쥐어 주고 그러더라고요. 그러다 제가 하자에 다니게 된 후에 동아리에 가게 되면 후배들에게 못을 박거나 드릴을 사용하는 일들도 별거 아니니까 직접 해 보라고 했어요. 그랬더니 다들 '언니~ 어려운 게 아니네요!' 하더라고요. 지금은 남자 배우들이 한다고 해도 제가 다 해요. 그래서 인다가 말한 '해방'이라는 말이 무슨 의미인지 정말 잘 이해가 돼요.

여우 저도 그 해방감 알 것 같아요. 저는 성역할이 정해져 있는 게 싫고 그래서 더더욱 스포츠를 즐기는 사실을 더 부각하고 그랬는데 막상 칼이나 드릴 같은 것은 무섭고 꺼려졌거든요. 그러다 하자에 오니까 여자들이 그런 도구 작업을 잘하고 열심히 하는 걸 보면서 내가 못 하는 건 여자라서가 아니라는 생각이 들어서 마음이 편해지고 해방감을 느꼈죠.

자베 우리 과는 제품 디자인을 하니까 직접 제작은 안 하는 편이지만, 실습 때는 조별로 나눠서 공구를 다뤄야 하는 작업이 많아요. 그런데 그때 교수님들이 꼭 조별로 남학생을 한 명씩 배정해요. 그래서 어떤 조는 남학생 한 명이 일을 다 하는 경우도 있었어요. 여학생들은 PPT 만드는 일 같은 것들을 하고.

쥬디 적정기술 워크숍에 갔을 때도 그랬어요. 여자들만 갔더니 "일하는 사람들은 없고 구경하는 사람들만 왔어?" 이런 식으로 말씀하셔서 "저희가 바로 그 일할 사람인데요" 했었죠.

요비, 동녘 너무 아재야~.

초 "헬멧 제대로 써야지~ 예쁜 얼굴에 뭐 튄다" 그러시면서.

여자들 허억.

쥬디 그것뿐 아니라 일하는 과정도 좀 거칠다고 생각했어요. 우리는 철수 님께 그라인더 사용하는 법을 배울 때 반드시 보호막 있는 것으로 작업을 하라고 배웠고, 보안경도 써야 하고, 사람들이 앞에 있을 때는 사람들을 확인하면서 하라고 배웠잖아요. 그런데 지난번에 갔던 워크숍에서는 사방에서 전동 공구 소리가 하루 종일 나고, 옆 사람이 반팔을 입고 있는데도 신경 쓰지 않고 그라인더를 '봐왕봐왕' 하더라고요. 용접할 때도 우리는 '용접하겠습니다' 이런 말을 하고 시작해 왔는데 그런 과정도 없고, 눈앞에서 바로 경쟁적으로 용접기를 '쓰지지직' 하고요. 그런 광경 속에 있으니까 '이게 적정기술인가', '이게 우리가 말하는 적정함인가?' 하는 의문이 들더라고요.

적정기술의 문턱 낮추기

여우   남성 중심적인 기술을 전환하는 일도 생각해 봐야 할 것 같고, 또 청년들을 위한 적정기술에 대해서도 생각해 볼 수 있을 것 같아요. 청년들을 위한 적정기술이라면 휴대전화 충전 기술 같은 걸까요?

모두   맞아 맞아, 사실 우리에게 제일 중요한 게 그거 아니야? 맨날 충전기 찾고 있잖아.

인다   저는 자취생 생활 기술 같은 것도 필요한 것 같더라고요. 예를 들면 오래된 티셔츠로 러그를 만드는 것도 좋았어요. 자취하면서 러그가 너무 필요했거든요. 그런데 제대로 된 러그는 너무 비싸더라고요. 예전에 '패스트 패션' 옷들을 많이 사서 못 입는 티셔츠가 아주 많거든요. 그런 식으로 도시에서는 쓰레기가 되기 십상인 것들을 가지고 물건을 만드는 일도 의미 있다고 봐요. 개인적으로는 페트병을 오븐에 구워서 목걸이를 만드는 일이 감각적으로 많이 와 닿았던 것 같아요.

초   저도 청년과정에서 적정기술을 배우면서 '우리는 왜 하드웨어적이고 큰 것만 하는지 모르겠다' 짜증 낸 적이 많아요. 용접이나 흙 건축 같은 것 말고, 그냥 벽에다가 깨진 컵의 손잡이를 꽂아서 옷걸이로 쓰는 귀여운 DIY 아이디어 같은 것도 충분히 적정기술이라고 할 수 있지 않을까요. 청년들에게 필요한 것은 사실 그런 예쁘고 실용적인 게 아닌가 싶어요.

인다   맞아요. 그런 '감각' 있는 것을 만드는 것도 중요하다고 생각해요. 청년들을 위한 적정기술을 얘기하게 되면 그런 얘기도 꼭 다루면 좋겠어요.

동녘   그런데 청년들을 위한 적정기술을 얘기해 보고 싶어도 다들 알바든 시험공부든 너무 바쁘잖아요. 모두 너무 바쁘고 시간이 없어서 같이 하자고 말하기도 어려워요. 그런데 생각해 보면 알바도 시험공부도 결국에는 잘 살자고 하는 일인데, 잘 사는 것에 대해서 얘기 나눌 시간조차 없이 바쁘다는 게 문제인 것 같아요. 알바든 시험공부든 그 일에 시간을 다 써야 하고, 그 다음에는 취직을 해서 임금 노동을 해야 하고, 임금 노동을 해서 번 돈으로 사는 데 필요한 뭔가를 사고 또 다른 걸 사기 위해서 일하고. 내가 필요한 것을 산다기보다 살 수 있는 것을 사는 것에 불과한 노동이고 벌이가 되어 버리는 것 같아요. 그러다 보면 이게 내가 원했던 일인가 싶고, 잘 산다기보다 먹고사는 수준 정도에서 쳇바퀴를 도는 이상한 상황이 되어 버리는 기분인 거죠. 그래서 임금 노동이 아닌 다른 일을 하고 싶다고 생각하게 되고, 그러다 보면 생태적 자립에 대해 이야기하게 되고, 또 나만 잘 살 수는 없으니까 다른 사람들, 더 크게는 사회에도 도움이 되면 좋겠고……. 그러면서 전환기술에 대해 고민하게 되는 거죠.

저는 전환기술을 생각하면 〈월E〉라는 영화가 떠올라요. 멸망한 지구에 월E라는 로봇만 홀로 남게 돼요. 지구에는 쓰레기들만 남아 있는데 혼자 묵묵히 쓰레기를 정리하지요. 아무도 시키지도 않았고 보는 사람도 없는데 정말 꾸준히 그 일을 해요. 이유는 잘 모르겠지만. 그리고 월E는 자기가 사는 집도 잘 청소하고 예쁘게 장식도 해요. 그러다가 지구를 떠나 살고 있는 사람들이 지구에 정찰 로봇을 보내게 되는데 월E는 그 로봇과 사랑에 빠져요. 돌봐 주고 선물도 주고. 영화의 마지막에는 월E 덕분에 사람들이 지구로 돌아오게 되고, 사람들이 농사도 짓기 시작하면서 새로운 지구가 돼요.

저는 세상이 아직 망하지는 않았지만 곧 망하거나 거의 망했다고 봐도 무방하지 않나 생각해요. 우리도 쓰레기를 많이 만드는데 어쨌든 이 쓰레기들을 처리해야 하잖아요. 그게 멸망한 세상에서 우리가 받은 유산 같은 거라는 생각도 들고. 폐자전거를 갱생해서 새 자전거를 만들다 보면 그건 자전거가 아니라 새로운 사회를 다시 만들어 가는 유산인 것 같다는 그런 생각이 들 때도 있어요. 적정기술도 그런 관점으로 접근하고 있고요.

여우   저는 월E가 집을 예쁘게 꾸미고 하는 걸 보면서, 감독이 생각하는 인간적인 면이란 게 저런 거구나 하는 생각을 했어요. 자기가 좋아하는 게 있다는 게 사람에게 얼마나 중요한 것인가 하는.

초   그러니까 아름다움이라는 것도 개개인이 원하는 아름다움과 취향이 있고, 그게 적정기술에 반영이 되어야 하는 것 같아요. 천편일률로 찍어 낸 상품이 아니라 자신이 꾸준하게 지켜 내고 가꿔 가는 독자적인 아름다운 같은 것.

자베   청년들의 삶도 사실 좀 천편일률적인 이미지이지 않아요? 아파트 같은 획일적인 공간에서, 대학을 목표로 공부하고, 대학을 졸업하고 나면 공무원 시험, 취직 시험을 준비하고. 제 주변에도 공무원 시험을 준비한다는 사람이 열 명도 넘어요. 그런 틀 안에 있는 사람들에게 적정기술을 얘기하려면 결국 적정기술이 좀 매력 있어 보여야 하지 않나 그런 생각이 들어요. 내 삶은 죽어 있는데, '저건 좀 아름다워 보인다, 저렇게 살고 싶다' 그런 생각이 들게끔.

초 사람들이 그런 욕구는 이미 많이 가지고 있는 것 같아요. 이효리의 제주도 생활에 대해서 폭발적인 관심이 있었잖아요. 이미 욕구는 있는데 그걸 어떻게 실현할지 모르겠으니까 그냥 구경만 하고 있는 게 아닐까 싶어요.

자베 그 욕구가 전환과 적정한 삶, 그러니까 누군가에게 나의 삶이 폭력이 되지 않고 뭔가 다르게 살고 싶어 하는 그런 것인데, 지금은 그냥 로망 같은 게 되어 있는 것 같아요.

초 그러니까 그걸 운동으로 해야 한다고 생각해요.

요비 '청년들에게 적정기술이 뭘까'라고 하면 엄청 어려운 질문같이 느껴져요. 청년들도 누구를 말하는지 모르겠고요. 그렇지만 어쨌든 우리는 좀 래디컬한 질문들을 많이 던져야 한다는 생각도 해요. 동녘이가 말한 임금 노동에 대한 고민도 공감이 많이 되고, 청년들에게 적정기술이 좀 더 매력 있게 다가갔으면 좋겠다는 이야기도 중요한 것 같고요. 제 주변의 청년들에게서는 비슷한 생각이나 비판들을 많이 들을 수 있어서 함께 질문도 많이 해 보고 지금처럼 하자에서 하고 있는 작은 워크숍들을 통해서도 만나고 어필하면서 시도해 볼 수 있지 않을까 생각해요.

여우 하지만 저는 하자에서 하는 것까지 다 포함해서 지금까지 배웠던 적정기술들이 사실 좀 돈이 많이 드는 것 같아서 불편하기도 해요. 물론 청년들이 영화관도 가고 비싼 디저트도 먹고 그러지 않느냐고 하지만 그거랑은 다른 문제 같거든요. 막상 적정기술을 하려고 하면, 그 재료들은 다 어디서 사야 하는지 막막하고, 공구도 너무 비싸더라고요. 그리고 사실 그런 기술을 배우고 익힐 공간도 제대로 없잖아요.

인다 적정기술을 가르치는 공간이 있다고 해서 찾아보면 정말 구석진 데 있어서 가기가 어렵더라고요. 작업실 오픈했다고 해서 '어떻게 찾아가요?' 물어보면 '저기 성북구 어디서 내려서 마을버스 타고 걸어오셔서요, 한 15분 정도 걷다가 어디어디가 보이면 그 밑에 옆에 지하에 있어요' 하는 식이라니까요. 한번은 목공을 좀 배우려고 했더니 수강료는 30만 원도 넘는 데다가 왕복 3시간이 걸리는 거리이고. 그런 점이 어려웠어요. 그냥 살고 있는 마을에서 편하게 배울 수 있는 그런 데는 없을까 아쉽더라고요. 하자도 좋은 작업장인데 이런 시설을 이용할 수 있는 청년들은 참 운이 좋은 것 같아요.

자베 하지만 하자도 누구에게나 열려 있는 시설은 아니잖아요. 하자 안에서도 다른 팀끼리 쉽게 오갈 수 있는 건 아니고요. 갑자기 '저 좀 쓸게요' 할 수는 없는 거니까요. 저는 하자에 재학 중이지만 개인적인 작업을 하겠다고 말할 엄두도 안 나던 걸요.

초 커뮤니티 목공방을 지향한다고 알려진 공간들도 대부분 그래요. 아무나, 아무 때나 들어가서 뭔가 할 수 있는 분위기는 아니더라고요. 하자도 예외는 아닌 거 같아요.

요비 전에 하자 합주실을 개방 공간으로 뒀더니 도난 사건이 자주 생기더라는 얘기를 들었어요. 그런 현실적인 문제에 몇 번 부딪히다 보면 벽이 없을 수는 없을 것 같다는 생각도 들어요.

동녘 작업장 문제도 있지만 경북 상주에 살고 있는 저는 서울에 와서 적정기술을 공부하는 일이 더 쉽지 않은 것 같아요. 서울에 올라와서 집을 구한다고 해도 스토브 만들고 단열하고 그런 일들을 보증금 내고 살고 있는 집에서 할 수는 없는 일이잖아요. 청년들로서는 자기 공간이 없기 때문에 맘대로 해 보는 실험을 하기가 더욱 어렵게 느껴지는 거죠.

요비 최근 도시 재생 워크숍에 참여하고 있는데 같이 하시는 분이 적정기술에 엄청 회의적이세요. 저는 적정기술에 대해 정보도 많지 않고 실제 어떻게 적용할지 잘 모르기 때문에 잘 반박도 할 수 없더라고요. 그분은 행정적인 용어도 많이 알아서 '내 집이 아니니까 방 안에 흙 미장은 못 한다', '건축법에 어긋난다', '화덕을 만드는 일도 소방법이나 대기 오염법에 저촉된다' 같은 지적도 많이 하시고요. 그분과 얘기하다 보면 할 수 있는 게 없구나 하는 생각이 들어요.

동녘 청년들보고 서울에 있지 말고 지역으로 내려가서 농촌을 살리라는 식으로 얘기하는 분들도 많은데, 반대로 차라리 도시에 사는 게 더 생태적이라고 반발하는 목소리도 있어요. 어디에 살든 에너지를 쓰고 쓰레기를 만드는 건 똑같은데 도시에 모여 있으면 오염 물질이건 뭐건 처리도 수월하고 시스템을 잘 갖추면 소비도 줄일 수 있지 않느냐는 거죠. 사실 어디에서 사는 게 중요한 게 아니라 '어떻게' 해 보자는 게 더 중요한데 말이죠.

쥬디 그래서 제작 문화를 복구해야 한다는 말이 등장하는 게 아닐까요? 특히 청년과 도시를 연결하면 청년들의 소비 행태에 대한 비판이 많지만, 청년들이 그런 소비 중독에서 벗어나고 싶어 하는 마음, 소비자로 길러진 것에 대한 자괴감 이런 것들도 주목해서 봐 주면 좋겠어요. 태어나서 분유부터 기저귀까지 엄마 아빠가 번 돈으로 사서 키워져 왔는데 하루아침에 어떻게 바뀌겠어요. 우리가 적정기술에 대해서 고민하게 된 것도 그런 구조 속에서 더 이상 유지가 안 되겠다는 위기감 같은 것이 작동하고 있는 게 아닐까 생각해요. 우리가 시간도 공간도 돈도 없을지라도, 태양광 패널 하나, 화덕 하나 만든다고 뭐 대단한 것이 생겨나는 것이 아닐지라도 그런 경험 하나하나가 한 사람 한 사람의 변화를 만들어 낼 수 있는 게 아닐까 싶고, 그런 변화의 기회라는 게 더 많은 사람들에게 주어져야 한다는 생각. 저는 우리가 좀 더 오픈하고 연결하고 싶은 것도 그런 경험을 한 사람들이 많아지고, 작업장은 없더라도 집에서 빗 하나라도 만들어 보고 싶다는 생각이 들면 할 수 있는 가능성은 어떻게든 열리지 않을까 그런 기대를 청년과정에 와서 배웠던 것 같아요.

초 분명히 우리가 익히고 있는 적정기술을 더 많은 사람에게 경험시키는 것은 정말 중요한 것 같아요. 워크숍을 계속 열고 할 수 있는 일들을 한 번이라도 생각해 보고 나면 그때부터 달라질 수 있는 것 같아요.

쥬디 적정기술도 어쨌든 돈이 되어야 하지 않느냐는 얘기를 많이 듣잖아요. 다들 해 본 고민일 것 같은데, 청년들에게 돈은 너무나 현실적인 문제이기도 해서 혼란스러울 때가 많아요. 그래서 우리가 하는 적정기술이 하나의 문화나 운동이 되어야 한다고 생각해요.

인다 저는 그게 역할의 문제가 아닐까 생각하기도 해요. 운동이 좀 거창하게 생각되기도 하지만, 운동으로 하게 될 때의 부담은 마치 그것만 해야 할 것 같은 압박 때문이 크거든요. 운동만 하는 삶은 살고 싶지 않으니까요. 집회가 있거나 하면 돕거나 연대는 하고 싶은데, 그 이상은 부담스럽기만 하고. 내가 속한 인권단체에서 가장 큰 희망은 상임 활동가가 없어지는 거라고들 해요. 모든 사람들이 자기 삶에서 운동을 하는 것. 그런데 그게 현실적으로 아직은 불가능하니까 직업적인 활동가로서 상임 활동가도 두지만 돌봄 활동가라는 시스템도 만들게 되었어요. 단체 안에 역할이 있지만 직업은 따로 있고 중요한 일이 있을 때만 참여하는 사람. 지금 단계에서는 적정기술에서도 상임 활동가와 돌봄 활동가가 있어야 하는 게 아닌가 싶어요.

자베 저는 운동의 차원까지 생각은 안 했지만, 적정기술을 통해 내 삶의 과정에서 뭔가를 해 보고 싶다고 생각했을 때 그게 좀 이탈자 같다는 느낌이 들기도 했어요. 내가 새로 만들어야 하는 것들이 많은 것 같아서 막막하기도 했고요. 우리가 만날 수 있는, 생활 기술 위주로 작업하고 있는 분들은 40~50대 분들이 많고, 그분들에게서 배우는 점도 있지만 다른 청년들은 어떻게 하고 있나 궁금했거든요. 나 같은 청년들은 어디 있는지, 어떻게 적정기술을 만나는지, 공간은 어찌 만들고 활용하는지, 공간이 없으면 어떻게 하고 있는지 그런 것들이 알고 싶더라고요.

동녘 저도 청년과정을 시작할 때부터, '아, 나는 이탈자다' 생각했거든요. 이미 우린 다른 트랙에 서 버린 거구나, 돌이킬 수 없구나 하는 생각. 이미 어떤 세계를 알게 되었기 때문에 남들이랑 아주 똑같은 길은 못 가겠구나 하는. 적정기술을 얘기하면서 청년의 적정기술을 논한다는 건 개인의 삶의 방식을 넘어서 이 사회의 새로운 트랙을 만드는 문제인 것 같아요. 저도 솔직히 잘은 모르겠지만 그렇게 해야 된다고 일단 생각하고 있고요. 그러자면 자기 삶의 방식에 대한 실천적인 고민을 계속해서 이어 갈 수밖에 없는 것 같아요.

쥬디 오늘 이 자리를 통해 청년들의 고민을 들을 수 있어서 좋았어요. 마지막으로 "적정기술은 ○○다"를 이야기해 보면서 마무리할까요?

인다 '감각'이다.
자베 '살림'이다.
여우 '생활'이다.
요비 '밀당'이다.
초 '호기심'이다.
쥬디 저는 '잘 모르겠다'.
동녘 적정기술은 '품위다'.

기고

여성들이 만들어 가는 적정기술 _ 이슬기

에어컨이 없던 시절의 통풍창 _ 김성원

기고

여성들이 만들어 가는 적정기술 ❶

이슬기 경기도가족여성연구원 성별영향분석평가센터 longblack1102@gmail.com
여성학과 석사 졸업. 적정기술과 젠더에 관심을 가지고 논문과 본 원고를 썼다. 현재는 성별영향분석평가에 관한 일을 하고 있다.

처음 적정기술을 접한 사람들은 다 마찬가지겠지만 필자 또한 적정기술의 혁신성에 놀라고 우리가 생각보다 심각한 기술 중독 사회에 살고 있음을 절감했다. 적정기술은 고도의 기술과 비용이 필요하지 않고 누구나 쉽게 배울 수 있으며 에너지까지 아낄 수 있으니 이것에 관심을 갖는 사람들도 점점 늘어나고 있는 추세이다. 적정기술을 수단으로 빈곤의 철폐나 대안적 에너지의 사용을 고민하는 사람들에게는 적정기술의 발전은 더욱 반가울 수밖에 없다. 이러한 상황에서 적정기술이 누구나 쉽게 배울 수 있는 기술로 이해되는데, 정말 누구나 배울 수 있고 적정한 기술이 맞는지에 대한 의구심이 들었다. 적정기술에 관심을 갖기 시작한 이후 접한 적정기술은 필자인 여성에게는 접근이 쉬운 기술은 아니었기 때문이다. 누구에게나 적정한 기술이라면 비교적 기술과 동떨어져 살아온 여성들에게도 이 기술을 다루고 접근하기에 무리가 없어야 하는데 현실은 그렇지 않았다. 이러한 문제의식을 시작으로 이 글에서 여성들이 만들어 가는 적정기술에 대해서 이야기해 보고자 한다.

여성들에게만 전수되는 적정기술
여성들도 쉽게 접근할 수 있는 적정기술, 혹은 여성들이 실제 사용자이자 개발자이기도 한 적정기술을 어디서 만날 수 있을지 고민하다 해외로 눈을 돌렸다. 여성들에게 제공되는 적정기술 교육 프로그램이 인도에 있었기 때문이다. 대부분의 경우 여성들은 생활 에너지 기술의 실사용자이다. 그런데도 불구하고 여성들이 적정기술에서 소외되는 현상은

❶ 본 원고는 필자의 〈성인지적 적정기술 재개념화를 위한 연구 : 국내 및 해외 사례를 중심으로〉(이화여대 석사학위 논문, 2016)를 바탕으로 일부분을 발췌해 작성했음을 밝힌다.

인도 맨발 학교의 태양열 랜턴 교육 현장.

분명 어떤 다른 문제가 있기 때문일 것이다.❷ 여성들이 어떤 방식으로 적정기술과 관계를 맺고 있는지 파악하고 연구하기 위해서 '여성들에게만' 제공되는 적정기술교육 프로그램의 현지 조사를 진행했다. 2015년 2월, 조사를 위해 방문한 곳은 인도의 맨발 학교Barefoot College이다. 맨발 학교는 특히 중년 비문해 여성들에게 전수되는 기술교육 현장이라는 점에서 더욱 매력적이었다.

맨발 학교는 비정부 기구로서 1986년 벙커 로이Bunker Roy에 의해 설립되었다. 1989년 이후, 맨발 학교는 태양에너지를 이용해 지역 커뮤니티를 도왔다. 태양열을 이용한 전기로 1,000가구 이상의 마을들이 전기와 뜨거운 물을 사용할 수 있도록 했으며, 태양열을 이용해 음식을 조리할 수 있도록 조리 기구를 만들었고 물을 정수하여 깨끗한 물을 마실 수 있도록 했다. 태양열에너지 교육은 주로 여성들, 특히 중년 여성에게 제공된다. 태양열에너지 교육을 받은 여성들은 맨발 학교에서 선생님으로 활동하거나 자신의 기술로 동네에 전기를 가져다주어 빛을 밝힌다. 그리고 태양열 엔지니어 교육을 받으러 온 다른 지역 즉 아프리카, 네팔 등 전기가 필요한 나라의 여성에게 이 기술을 공유한다. 교육을 받은 여성들은 다시 자신의 마을로 돌아

❷ 그 이유에 대한 논의는 필자의 석사학위 논문을 통해 밝히려고 노력했다. 이 글에서는 그 부분을 다루지 않고 여성들이 만들어 가는 적정기술을 중심으로 소개하는 것에 집중하겠다.

의사소통을 위한 컬러 코드(color code).

가 자신이 습득한 기술을 공유한다. 태양열에너지를 이용한 조리 기구를 통해서 하루에 두 번 음식을 만들 수 있고 더 이상 여성들이 유독 가스에 노출될 필요도 없다. 또한, 비싼 연료 비용도 아낄 수 있다. 태양열에너지는 친환경적일 뿐만 아니라 여성의 이중 노동을 감소시키며 여성의 건강권도 보장될 수 있다.

이렇게 여성들에게만 전수되는 기술은 지역 사회의 변화를 빠르게 가져왔다. 기술을 습득한 여성들은 기술을 지역 사회를 위해서 사용했기 때문이다. 상대적으로 남성들은 기술을 바탕으로 돈을 벌기 위해 도시로 이주하는 반면 여성들은 커뮤니티에 머물며 기술을 공유해 지속 가능성을 구축했다. 이것은 이주의 기회가 많은 젊은 여성보다는 중년 여성들이 기술교육의 대상으로 더 선호되는 이유이기도 하다. 맨발 학교의 설립자에 의하면 지난 40년의 경험에 비춰 볼 때 여성들은 커뮤니티에 머물며 자신의 기술을 지역의 다른 여성과 공유하고 커뮤니티의 수요에 의해 기술을 사용하기 때문에 여성들만을 기술교육의 대상으로 삼는다고 밝혔다. 중년 비문해 여성들이 교육의 대상이 되다 보니 의사소통이 가장 문제이다. 이를 해결하기 위해서 컬러 코드를 사용하여 부품의 설명을 대체한다. 그럼에도 불구하고 해결되지 않는 문제가 많았지만 여성들은 손짓 발짓으로 서로를 도우며 같이 교육을 받고 있었다. 의사소통의 문제로 인해 태양열 랜턴 및 태양열 조리기 두 가지를 교육하는 데 6개월 이라는 짧지 않은 기간이 소요된다.

한국에 돌아와 '완주숙녀회'를 만나다

해외 현지 조사를 다녀오고 논문이 마무리되고 있던 2016년 3월, 완주숙녀회 분들과 연락이 닿았다. 논문이 마무리돼 가는 시점에 이분들과 연락이 닿은 것은 기적이었다. 국내에서 적정기술과 관련하여 활동하는 여성들의 목소리를 담고 싶었기 때문이다. 그리고 맨발 학교의 사례는 한국의 상황과 맥락이 다른 점들이 있기 때문에 한국에서 활동 중인 여성들의 목소리를 담아내는 것이 더 필요했던 상황이다. 그러던 와중에 소개를 받고 연결된 만남이다 보니 떨리는 마음으로 바로 완주로 향했다. 그리고 한 커피숍에서 완주숙녀회 분들과 만났다.

완주숙녀회는 지역에서 함께 모여 놀던 젊은 여성들을 중심으로 조직된 자조 모임이다. 완주숙녀회는 촌살이 필수라고 하는 난로교육 같은 것도 여성이나 젊은이들에게 문턱이 높은 점, 적정기술교육들이 주로 난로 제작, 구들, 화덕 등으로 진행되는 점, 교육생이나 강사들이 거의 중년 남성이고 분위기가 여성들에게 불편한 점 등을 지적했다. 그리고 어떻게 하면 이런 분위기를 바꿀 수 있을까, 새로운 분위기나 흐름은 어디서 어떻게 만들어야 할까 고민하고 있다고 한다.

이제 새로운 시작, 여성들의 적정기술!

완주숙녀회를 만나고 이야기를 하다 보니 우리는 이미 같은 문제의식을 공유하고 있었다. 필자와 같은 고민을 하고 있는 여성들을 만났다는 것만으로도 충족감이 들었다. 그리고 완주숙녀회 분들과 뜨거운 커피 앞에서 머리를 맞대고 서로의 고민을 나누었는데 같은 고민을 나누는 사람이 있다는 그 든든함이 매우 강렬했다. 서로의 고민을 나누고 여성들에게 적정기술 현장의 불편한 점들을 토로하며 결국에는 입을 모아 '여성들에게 어떤 기술을 가르칠 것인가', '여성들은 어떤 기술을 필요로 하는가', '여성들에게 기술이 필요하지 않다는 통념은 어떻게 해결할 수 있을까?', '그런데 여기서 여성이라는 범주는 단일한가?', '도시에 있는 여성과 귀촌한 여성에게 필요한 기술은 다르지 않을까' 등 풀리지 않는 문제들을 테이블에 풀어 놓았다. 그러나 뾰족한 해결책을 찾은 것은 아니다. 우리가 느끼는 문제들을 공유하고 문제가 무엇인지를 확인하는 정도의 단계였다고 할 수 있다. 하지만 그것에 전혀 좌절하지 않았다. 왜냐하면 우리는 이 문제를 테이블에 꺼내 놓았으니 이제부터 해결하기 위한 노력을 시작하면 되기 때문이다. 문제를 드러내는 것 자체가 첫 번째 시도이니 이제 드러난 문제를 어떻게 해결할지를 생각하면 된다. 적정기술에서 '어떻게 여성을 참여하게 할 수 있을까', '여성들이 만들어 가는 적정기술은 무엇이 될 수 있을까', '여성들은 어떤 기술을 필요로 하는가', '왜 여성들이 적정기술에 참여해야 하는가'와 같은 고민도 중요하지만 그것보다 더 중요한 것은 이러한 문제의식을 공유하는 여성들이 만나 커뮤니티를 구성하는 것이다.

그리고 그렇게 만난 완주숙녀회 덕분에 이미 변화는 시작되고 있다. 최근 완주숙녀회는 영국의 대안기술센터 Center for Alternative Tech에 답사를 다녀왔다고 한다. 그곳에서 대안기술센터의 성평등과 기술에 대해서도 분명 어떤 영감과 통찰력을 받아왔을 것이라고 생각한다. 완주숙녀회와 그리고 여성들이 만들어 갈 그녀들의 적정기술이 무엇일지, 우리는 무엇을 다르게 만들어 갈 수 있을지 매우 기다려진다!

기고

에어컨이 없던 시절의 통풍창

김성원 coffeetalk@naver.com

'흙부대생활기술네트워크' 관리자. 전남 장흥으로 귀촌해 자급자족을 위한 생활기술과 적정기술을 연구하며 《근질거리는 나의 손》,《이웃과 함께 짓는 흙부대 집》,《점화본능을 일깨우는 화덕의 귀환》,《화목난로의 시대》를 썼다.

"자다가 봉창 두드린다"라는 속담이 있다. 봉창封窓은 본래 채광을 위한 창이라 여닫을 수 없다. 잠결에 누군가 창을 두드리는 소리에 봉창을 억지로 열려 해도 열 수가 없는 것이다. 쓸데없는 짓을 일컫는 속담이다. 봉창처럼 집 안으로 햇빛을 끌어들일 목적으로 만든 채광창뿐 아니라 목적에 따라 출입창, 전망창, 통풍창이 있다. 출입창은 문처럼 출입이 가능한 창이다. 요즘 거실 통창이 여기에 속한다. 전망창은 말 그대로 전망을 보기 위해 만든 창이다. 통풍창은 실내 환기를 위해 주로 상부에 뚫어 두는 창이다. 창을 이렇게 나누었지만 그 기능이 서로 겹친다. 채광창이면서 통풍창인 창도 있고, 출입창이면서 채광창, 전망창인 창도 있다.

에어컨이 등장하면서 현대 건축에서는 통풍창이 많이 사라졌다. 통풍창은 통기창, 풍창이라고도 하는데 과거에는 주택 환기와 여름철 냉방을 위한 가장 보편적인 건축 요소였다. 일본에는 란마欄間, らんま, 서양에는 트랜섬transom이라 부르는 통풍을 위한 창이 있었다. 문이나 기존 창 위에 다시 통풍을 위해 가로로 길게 짜서 끼운 교창交窓을 일컫는다. 주로 바람이 잘 통하도록 집의 높은 곳에 내는 작은 창들이다. 이러한 문 위의 교창이 있으면 타인의 시선이나 출입을 막기 위해 문을 닫아 두거나 커튼을 친 경우에도 여전히 바람이 원활하게 통할 수 있다. 통풍창은 대개 크기가 작고 높은 위치에 있어 이곳을 통해 침입이 불가능하다.

서울 북촌 한옥 한 곳에 가 보니 북쪽으로 난 뒷문 아래로 바람이 통하는 쪽창이 있고, 반대편 남쪽 창 위에 통풍창이 별도로 있었다. 이렇게 통풍창이 없으면 실내 환기는 제약을 받는다.

창 반대편에 통풍창이 있으면
관통 환기가 원활하게 일어난다.
@rumahminimalis2016

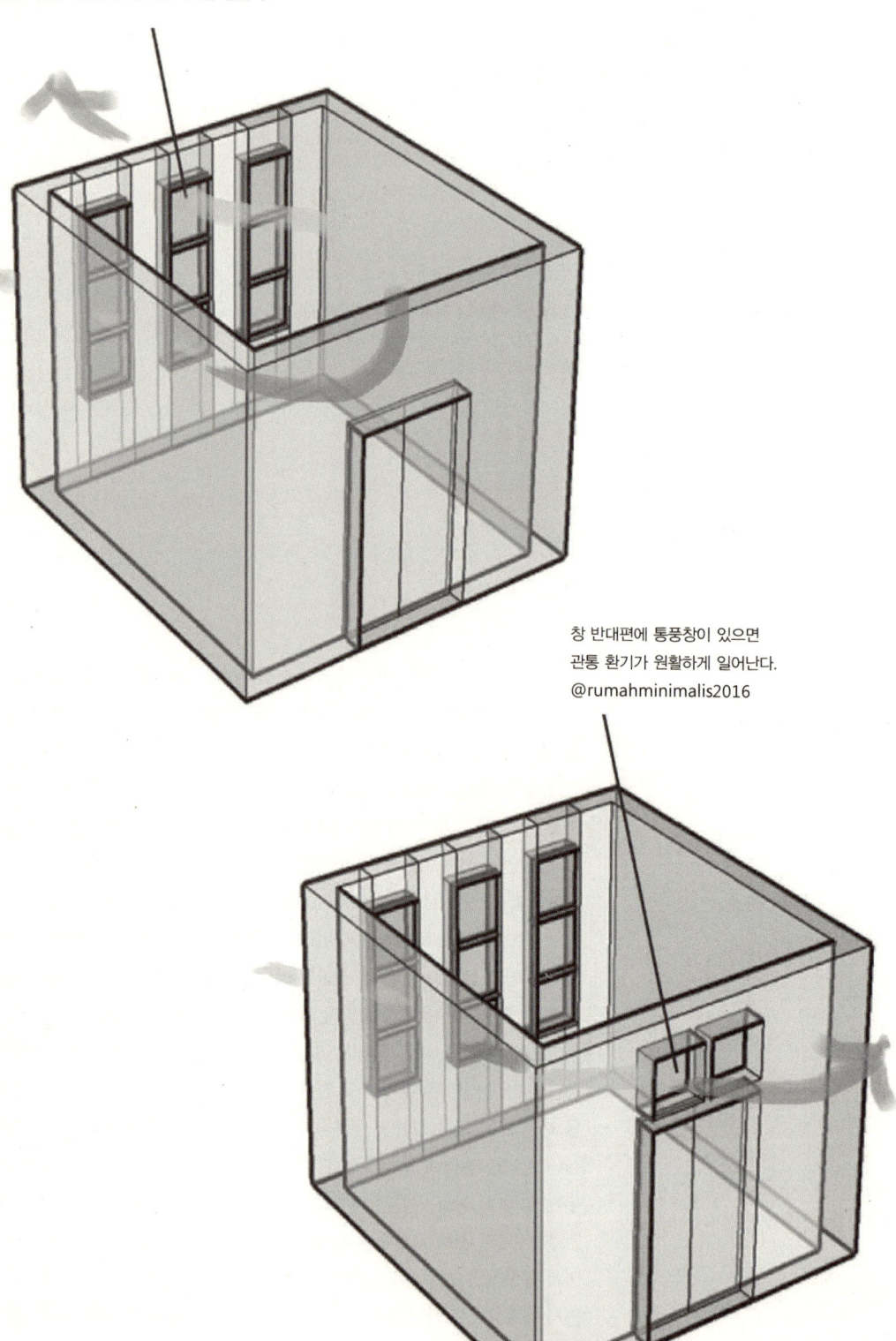

일본의 통풍창- 란마(欄間, らんま) @itukiyumekobo

문 위의 트랜섬 창, 여닫기 쉽게 고리가 달려 있다. @Jeromelisuzzo

서북쪽 낮은 곳에 차가운 공기가 들어갈 수 있는 흡기창을 두고 남동쪽에 배기창을 두면 대류 현상으로 인해 자연 환기가 일어난다. 그러면 집 안을 비교적 시원하게 유지할 수 있다. 과도하게 에어컨에 의존해서 냉방을 하는 현대 건축에서는 대개 통풍창이 없어졌을 뿐 아니라 동서남북 창 높이가 같아졌다. 자연 환기란 애초부터 염두에 두지 않고 설계하기 때문이다.

해외의
적정기술

일본 | 재난과 적정기술 _ 이시오카 케이조

중국 | 전통기술, 적정기술, 신기술 _ 김유익

해외의 적정기술 | 일본

재난과 적정기술

이시오카 케이조石岡 敬三 히로시마 반핵평화운동가, 적정기술운동가, 일본 로켓매스히터 협회원.
번역 김유익

대재난을 통해서 배우는 것들

일본은 재난대국이라고 불립니다. 20년 전인 1995년 1월 17일 미명에 발생한 한신 대지진을 계기로 시민 자원봉사자들과 다양한 형태의 그룹이 생겨났습니다. 또, 큰 재난이 발생하면 이재민들을 어찌할 것인가? 피해를 입지 않았다면 무슨 일을 할 수 있을까? 다양한 생각을 해 보게 됐습니다. 필자는 유기농 채소를 지진 이재민들에게 전달하는 프로젝트에 참가해서 도쿄에서 고베까지 채소를 운송했습니다.

그 뒤로도 일본에서는 크고 작은 자연재해가 잇달아 일어났습니다. 6년 전인 2011년 3월 11일에 발생한 동일본 대지진과 후쿠시마 핵발전소 사고는 지진뿐 아니라 쓰나미가 지역 전체를 집어삼킨 전대미문의 재난이었습니다. 있어서는 안 되는 핵발전소 폭발 사고마저 동반돼 보이지도 않고 냄새도 나지 않는 방사능의 위협으로부터 도망쳐야 하는 상황에 처하게 됐습니다. 피해를 입지 않은 현지 주민이나 전국 각지로부터 온 자원봉사자들이 스스로 지역에 필요한 일을 찾아 도움을 주었습니다. 현지에 직접 가 보니 상상을 초월하는 다양한 지원 활동이 이루어지고 있었습니다. 이를테면, 프랑스 요리사가 피난민과 자원봉사자들에게 맛난 식사를 제공한다든지, 피해를 입은 개인 주택을 방문해서 다양한 요구를 들어준다든지, 이동 극단이 공연을 통해 아이들을 즐겁게 한다든지.

당시 우리 팀은 태양광 패널 확산 운동을 하고 있었던 터라 지진과 쓰나미 피해로 정전이 된 지역이 많다는 것을 깨닫고 패널 생산 업체와 협력

태양광 패널을 설치하고 있는 자원봉사대.

입욕용 온수 가열 파이프가 연결된 LPG 가스통 재활용 화목 난로.

해서 전기가 들어가지 않는 지역에 태양광 패널을 무료로 제공했습니다. 모금 활동을 통해 자금을 모으고, 200개 지역에 태양광 패널을 설치했습니다. 이 시스템은 지금도 대부분의 지역에서 가동 중입니다. 한신대지진 당시와는 상황이 많이 달라졌는데 태양 전지라는 기술이 일반인들에게도 이미 많이 알려졌기 때문에 실제로 잘 활용이 될 수 있었던 것입니다.

일본인 이재민들에게 요긴한 것은 때때로 입욕을 할 수 있느냐는 것이었습니다. 그래서 관민 협동으로 욕탕 서비스를 제공하는 프로젝트도 적지 않았습니다. 트럭의 화물칸에 욕조를 설치해서 이동 목욕탕을 제공하거나 프로판가스와 장작 스토브를 이용해서 대피소에 설치하는 작업도 있었습니다. 이렇게 재난을 극복하는 과정을 통해 일본에서는 안전한 에너지를 선호하거나 에너지 자급을 원하는 사람들이 늘어나기 시작했습니다.

구마모토 지진 피해 지역으로

2016년 4월 14일 밤, 규슈·구마모토 대지진이 발생해서 지금도 여진이 이어지고 있습니다. 많은 주택이 파손돼 발생한 이재민 소식을 듣고, 다시 많은 사람들이 도움의 손길을 뻗고 있습니다. 파손된 집의 잔해를 수거하거나, 집에서 가재도구를 실어 나르고, 비가 새는 곳을 막는 등 국내외를 막론하고 많은 사람들이 달려와 도움을 주었습니다.

피해가 컸던 미나미아소 지역에는 친구와 지인들이 많이 사는 데다, 그들 중 상당수가 후쿠시마 핵발전 사고 이후 방사능의 영향을 피해 이주해 온 사람들입니다. 지역에서 자급자족 생활 방식을 모색해 온 이들이 겨우 안정을 찾기 시작할 무렵, 다시금 재난을 맞닥뜨렸습니다. 이 친구들을 어떻게 도울 수 있을지 생각해 보기 시작했습니다. 후쿠시마 사태 당시의 경험을 토대로, 작은 독립 에너지 공급 시스템을 갖게 되면 휴대전화를 충전하거나 작은 조명, 컴퓨터 등을 이용할 수 있겠다 싶어서 폐식용유로 움직이는 차를 갖고 있는 친구 T 군과 함께 현지로 향했습니다.

제일 먼저 도움을 드린 분들은 지진으로 피난을 간 다가구 주택 거주자 A 씨의 가족이었습니다. 마침 작년에 숲속의 땅 약간과 중고 캠핑카를 사 둔 덕에 그곳으로 피난하여 살기를 희망했기에, 캠핑카에서 전기를 사용할 수 있는 오프 그리드 태양광 시스템을 설치했습니다.

친구인 P 씨가 활동하는 자원봉사자 조직의 사무실에서도 독립 시스템을 비상용 전원으로 설치, 많은 사람이 모일 때에는 휴대전화 충전기 역할을 톡톡히 해냈습니다. 그리고 또 하나는 목욕탕의 지반이 갈라진 집에 비상용 전원으로 설치했습니다. 그

재해 피난민이 임시 숙소로 사용하고 있는 캠핑카에 설치한 태양광 키트.

플라스틱 박스에는 태양광 전지와 연결할 수 있는 축전지, 컨트롤러, 인버터, 퓨즈, 콘센트가 들어 있다.　　축전지, 컨트롤러 박스, 태양광 전지판

곳은 큰 여진이 있을 때 근처 주민들이 모이는 광장이 있는 곳입니다. 단순한 오프 그리드 시스템이지만, 이 구조를 이해하고 있으면 하이테크의 태양광 패널을 적정기술로 사용할 수도 있습니다.

예전부터 화덕을 잘 다루는 그는 깡통 하나로 만들 수 있는 로켓 스토브를 현지에서 제작하기로 했습니다. 현지에서 거점이 된 장소는 가나가와 현에서 이주해 온 Y 씨의 집. 이곳은 다행히도 전기는 태양광 패널로 공급하고 키친 스토브로 요리를 하면서 물도 끓이는 시스템을 만들어 두었기에 에너지를 거의 완전히 자급할 수 있었습니다. 큰 지진에도 불구하고 생존에 큰 문제가 없고, 피해라면 진입로에 큰 돌이 떨어져 들어오는 것이 좀 불편한 정도였습니다. 에너지를 자급할 수 있다는 것은 정말로 큰 힘이 됩니다. 함께 간 동료 S 군의 깡통 로켓 스토브는 워크숍을 통해 제조해서 필요로 하는 이들 몇몇에게 건네주었습니다. 이와는 별도로 방사능 이주자 네트워크에 있는 오랜 친구의 부탁으로 계획에는 없던, 아이들을 위한 깡통 로켓 스토브 워크숍을 개최했습니다. 휴교 중인 터라 마침 시간도 많았고, 시의적절한 기획이었습니다. 미래의 기둥인 아이들이 불을 잘 다루게 되고 그 도구를 만드는 체험을 즐길 수 있는 기회가 됐습니다.

재난과 적정기술

평상시에 재해 지원을 위한 요리 스토브, 난방 스토브, 이동 가능한 장작 목욕탕을 준비해 두고 있으면, 신

이웃에게 나눠 주기 위해 깡통 로켓 스토브를 제작하고 있는 모습.

완성된 로켓 스토브에 아이가 불을 피우고 있다.

속한 지원이 가능합니다. 재난이 발생하고 나서 그때부터 생각을 한다면, 뭘 어떻게 만들어야 하는지 생각하다가 시간을 다 보내게 됩니다. 그렇다고 우리 모두 재난 구호 전문가가 되어야 한다는 이야기는 아닙니다. 항상 용의주도하게 모든 것을 준비해 둘 수는 없습니다. 대신에, 적정기술을 늘 생활 속에서 활용해 보면 어떨까요. 이번 지원 활동을 통해, Y 씨의 생활을 눈여겨볼 기회를 갖게 되면서, 적정기술을 이용하는 생활은 이웃에게 도움을 줄 수도 있다는 사실을 깨닫게 됐습니다. 재해 지역 내에서 물과 불, 전기를 자급할 수 있다는 것은, 재해 초기 대응으로 가장 강력한 수단이 됩니다. 재해에 대한 제1대응으로써 음용수, 조리 가능, 화장실, 목욕탕, 동절기 난방, 전기(휴대전화, 전등, 노트북 컴퓨터), 대피 장소(집) 등을 확보할 수 있는가 점검 사항이 있습니다. 손에 넣기 쉬운 재료와 도구를 이용해서 간단히 만들 수 있는 방법을 조금이라도 일상생활에서 구현해 두면 됩니다. 그리고 이런 지식과 기술을 공유할 수 있는 친구들과의 네트워크도 물론 중요합니다.

적정기술과 함께하는 생활, 시민의 힘으로 가능한 효율성 높은 방재 대책입니다. 하지만, 거대 기술의 집약체라 할 수 있는 핵발전소는 적정기술과 함께하는 삶을 한 번에 파괴해 버릴 수 있습니다. 도쿄전력의 후쿠시마 핵발전소 사고로 누출된 방사능 때문에 장작으로 사용할 수 있는 숲이 오염되어, 장작 화덕이 방사능 농축 장치가 되어 버린 것이 현실입니다. 자연재해는 막을 수 없지만 핵발전소는 인재이므로 예방할 수 있습니다. 핵발전소 대신에, 적정기술과 함께 살아가기, 이것이야말로 지속 가능한 사회를 만들어 나가는 좋은 가치관과 방법이 될 것입니다. 핵발전소 No! 적정기술 Yes!

※ 본래 이시오카 케이조 씨가 더 많은 현장 활동 사진을 보내 주셨지만 지면상 줄일 수밖에 없었음을 알려드립니다.

재해 지역 어린이를 위한 로켓 스토브 워크숍.

해외의 적정기술 | 중국

전통기술, 적정기술, 신기술

김유익 다문화, '생활' 통역자, 전환과 평화를 위한 생활 공동체 和&同 발기인
서울, 홍콩, 베이징, 도쿄, 싱가폴 등지의 대도시와 일본의 농촌에 거주했으며, 다국적 기업의 금융 IT 컨설턴트에서 생태 농업 등 지속 가능한 생활 방식의 실천자 및 활동가로 경력을 전환한 경험을 토대로, 상이한 언어, 문화, 생활 양식을 가진 이들 간의 교류와 전환을 돕는 역할을 합니다. 현재 중국 상하이 교외 농촌의 농장에 거주하면서, 중국의 청년, 신농민들과 한·중·일 청소년, 청년 교류의 플랫폼을 만들고 있습니다.

예전에 중국을 말할 때, "한국의 과거, 현재, 미래가 함께 공존하는 곳입니다"라는 거창한 설명을 하곤 했습니다. 지금부터 10여 년 전 이야기입니다. 대도시를 조금만 벗어나도 20~30년 전의 한국 농촌 풍경이 펼쳐지니 과거로 타임머신 타고 돌아간 느낌도 들고, 베이징, 상하이 같은 대도시의 소위 CBD Central Business District를 거닐면 우뚝 솟은 마천루가 서울의 현재와 별반 다를 바 없다는 이야기였습니다. 미래는, 물론 한국의 중국 의존도가 갈수록 높아지는 만큼 그들의 변화에 우리의 미래가 달려 있다는 뜻이기도 하고, 언젠가는 중국이 한국을 앞지르는 부분들이 하나둘 나타날 것이라는 의미이기도 했습니다. 2015년부터 다시 찾은 중국은 이미 '강산'이 변화한 데다 정말로 제가 거주하는 상하이의 집값과 체감 물가는 이미 서울을 능가하고 있기에 상하이의 '현재'가 거의 초현실처럼 느껴집니다.

지금 생각하면 좀 싱거운 비유였는데, 중국의 농촌을 중심으로 적정기술, 환경친화기술 등을 주마간산 격으로 훑어보고 다시 비슷한 생각이 들었습니다. 중국은 전통기술(과거), 적정기술(현재), 친환경 신기술(미래)이 공존하는 사회입니다.

2015년부터 중국에 정주할 목적으로 각지의 중소 규모 유기농 농장을 둘러보았습니다. 중국은 모든 면에서 변화가 매우 빠르게 진행되는 만큼 이미 대도시 근교의 농촌은 상당한 현대화가 진행되어 있었습니다. 특히, 2008년 금융 위기를 계기로 대도시에서 일자리를 잃은 수천만 명의 농민공이 고향에 돌아가서도 먹고살 길을 마련하기 위해 중국 정부

는 엄청난 예산을 농촌 인프라 현대화, 농가의 소비 지원 등에 쏟아부었습니다.

하지만, 여전히 중국 농촌에는 과거의 흔적들이 남아 있을뿐더러 지역에 따라 여전히 일상생활 속에서 사용되고 있습니다. 이를테면 흙집이라든가 전통 화덕이 그런 것들입니다. 특별히 '장인'의 공예품이라고 불릴 만한 사치품이 아니라도, 농기구를 비롯한 다양한 생활 필수품들이 여전히 전통 방식의 소규모 가내 수공업으로 생산되는 것도 그러합니다. 물론, 이런 기술이나 제품들이 점점 화석화되어 가는 현실은 어쩔 도리가 없을 것입니다. 특히, 노령화한 현지 농민들은 이런 기술을 사용하는 것을 근대화에 역행하는 수치스러운 가난의 상징으로 생각하시는 분들이 많습니다. 중국에서 친환경 흙집을 전통기술과 신기술을 결합해 만들어서 유명해진 런웨이중 씨의 흙집은, 이웃 농민들의 빈축을 사기도 했고 친환경 기술에 관심이 많은 중산층들도 기왕이면 서구형 디자인을 선호하기 때문에 크게 각광을 받지 못한다고 합니다.

새로운 친환경 기술, 특히 재생 에너지는 잘 알려진 바와 같이 중국이 기술 수준이나 보급 면에서 한국을 앞서고 있다는 느낌을 받게 됩니다. 가장 보편적인 것은, 농촌 어디에서도

광동성의 한 마을에 있는 객가의 흙 저택(요새)입니다. 예전에 객가 주민 수십에서 수백 가구가 살던 곳입니다. 복건성 등에는 아직도 주민들이 살고 있는 이런 흙 저택이 적지 않습니다.

중국 대부분의 시골 주택에는 여전히 전통 화덕이 설치되어 있고, 실제로 사용됩니다. 특히 잔치를 위해 다량의 음식을 준비할 때 유용합니다. 하지만, 평상시엔 전기와 LPG를 사용하는 경우가 더 많습니다.

신농민 쟈루이밍 씨가 집 앞에 초막을 짓고 전통 화덕을 만들려다가 마을 주민들의 반발로 포기했습니다. 현대화에 역행한다는 불만이지요.

쉽게 발견할 수 있는 태양열 온수기입니다. 실제로 제가 방문한, 또는 현재 거주하고 있는 지역에서도 온수 샤워는 거의 대부분 태양열 온수기를 사용합니다. 물론, 며칠씩 해가 나지 않을 경우에는 보조로 전기 샤워기를 사용해야 하는 경우도 있습니다만……. 또, 태양 전지를 이용한 각종 설비, 특히 농장의 집충등은 유기농 농장에서는 어디서나 발견할 수 있습니다. 그리고 무엇보다, 축분, 잔반을 이용한 메탄가스 발생 장치는 규모를 달리하면서 광범위하게 사용되고 있습니다. 조리와 온수기가 대표적인 사용처입니다. 북방에 널리 보급된 축열식 그린하우스도 대단히 성공적인 예입니다.

이런 기술들의 특징은, 정부가 앞장서서 보급하고 지원금을 제공한다는 데 있습니다. 중국 정부의 이런 정책과 성과는 단지 전시성이라기보다는 실제 필요성에서 나온 것으로 보입니다. 거대한 국토와 인구를 생각할 때, 화석 연료나 핵발전으로 빠르게 이행할 수 없다는 것을 충분히 이해하고 있을뿐더러, 공급이 수요를 따라잡을 수 없다는 고충이 반영되어 있는 것으로 보입니다.

마지막으로 '적정기술'이라 분류한 흐름은 정부보다는 민간 중심의 움직임입니다. 사실 이렇게 좁은 의미로 사용하는 것은 온당하지 않을지도 모르겠지만 현지에서 그렇게 부르는 경향이 있어 일단 '용어'만 놓고 그렇게 써 보겠습니다. 중국에서는 적정기술이 퍼머컬처의 부속 기술로 잘못 알려져 있는 경우가 적지 않습니다. 2008년경부터 퍼머컬처 교육이 확산되고 있는데, 그 안에서 다양한 적정기술과 생태 건축이 소개되다 보니 그렇게 오해하시는 분들이 많습니다. 이를테면 로켓 스토브, 어스 백, 화목 오븐 등이 그 예입니다. 제일 재미있는 확산 사례는 로켓 스토브인데, 상업용으로 만들어진 로켓 스토브형 물 주전자는 과거 가난한 공산주의 계획 경제 시절, 아침에 커다란 병에 온수를 배급받아 하루 종일 차를 마시는 일 등에 사용하는 중국인들의 생활 습관과 맞물려 농촌에서 대성공을 거두었습니다. 하지만, 전기의 보급이 확산되면서 이 기술도 전기 물 주전자에 의해 빠르게 대체되어 가고 있는 안타까운 현실도 있습니다.

최근, 환경 보호와 자연 교육, 유기농 농장과 바른 먹거리, 생태적 삶, 에코빌리지나 공동체에 관심을 갖는 중국인들이 급속히 늘고 있는데, 그중에서도 특히 어린아이를 가진 부모들이나 대안적 삶을 추구하는 청년들을 중심으로 적정기술 문화에 관심을 갖는 층이 늘고 있습니다. 이들은 적지 않은 비용이 드는 퍼머컬처 디자인 코스PDC : Permaculture Design Course 등의 과정에도 참여하고 있는데, 서구인들이나 대만인들을 통해서 이런 문화가 소개되기도 하고, 특히 도시의 중산층 고학력자 귀촌자를 중심으로 활발한 활동이 벌어지고 있습니다.

이렇게 중국의 '적정기술' 흐름은 과거, 현재, 미래가 혼재되어 있는 양상으로 나타나고 있습니다. 이 흐름과 함께하면서, 앞으로 한·중·일의 적정기술, 생활기술, 생태기술 교류가 재미지게 진행될 가능성이 엿보입니다.

(로켓 스토브의 설계 원리가 적용된 이 '영리한' 물 주전자는 옥수수 심 20개 정도면 5리터의 물을 끓일 수 있고, 6명 한 식구가 하루 종일 사용할 온수를 충당할 수 있습니다. 도넛형으로 설계되어 있어, 가운데 마른 옥수수 심 등을 넣고 불을 지핍니다.

퍼머컬처 워크숍을 통해 화목 오븐을 만드는 이벤트가 중국 각지에서 벌어지고 있습니다.

복건성에서 생태 마을 프로젝트를 진행하고 있는 청년들이 스타돔을 제작해 봤습니다.

147

태양열 온수기는 농가의 거의 70~80%에 설치되어 있는 것 같습니다.

메탄가스를 이용하여 온수를 공급하거나 조리에 사용하고, 부산물은 고품질의 액비가 됩니다.

별도의 표시가 없는 한 교육공동체 벗이 생산한 저작물은 크리에이티브 커먼즈
[저작자표시-비영리-변경금지 4.0 국제 라이선스]에 따라 이용하실 수 있습니다.
http://creativecommons.org/licenses/by-nc-nd/4.0

자전거로 충분하다

ⓒ 하자작업장학교 청년작업장, 2017

2017년 3월 27일 처음 펴냄
2017년 5월 15일 2쇄 찍음

편집	하자작업장학교 청년작업장
기획위원	안병일, 박복선, 김희옥, 김현우, 김성원(위원장), 강신호
디자인	the DNC www.thednc.co.kr
종이	화인페이퍼
인쇄	보진재
제작	세종 PNP
펴낸이	김기언
펴낸곳	교육공동체 벗
이사장	임덕연
사무국	최승훈, 이진주, 설원민, 김기언, 공현
출판등록	제2011-000022호(2011년 1월 14일)
주소	(03971) 서울시 마포구 성미산로1길 30 2층
전화	02-332-0712, 070-8250-0712
전송	0505-115-0712
홈페이지	communebut.com
카페	cafe.daum.net/communebut

※ ISBN 978-89-6880-033-7 03500
※ 이 도서의 국립중앙도서관 출판시도서목록(CIP)은 서지정보유통지원시스템 홈페이지(seoji.nl.go.kr)와
  국가자료공동목록시스템(http://www.nl.go.kr/kolisnet)에서 이용하실 수 있습니다. (CIP제어번호 : CIP2017006865)